智能时代创新精益管理系列

精益现场创新
管理实战

李虎民◎编著

人民邮电出版社

北京

图书在版编目（ＣＩＰ）数据

精益现场创新管理实战 / 李虎民编著. -- 北京：
人民邮电出版社，2024.2
（智能时代创新精益管理系列）
ISBN 978-7-115-63381-1

Ⅰ．①精… Ⅱ．①李… Ⅲ．①企业管理－创新管理－
研究 Ⅳ．①F273.1

中国国家版本馆CIP数据核字(2024)第001528号

内 容 提 要

本书以企业现场管理实战为导向，结合企业运营实际要求，用来自企业一线的大量真实案例，全面介绍了现场管理各要素、目视管理、线体布局与品管圈课题管理、卓越班组管理、6S现场管理及改善、人才育成、现场质量管理方面的内容。

本书可供企业现场管理人员、培训人员、现场管理课程学习人员参考使用，也可供生产型企业的班组长、车间主任等实际参与6S推进过程的人员阅读学习。

◆ 编　　著　李虎民
　　责任编辑　李士振
　　责任印制　周昇亮

◆ 人民邮电出版社出版发行　　北京市丰台区成寿寺路 11 号
　　邮编　100164　　电子邮件　315@ptpress.com.cn
　　网址　https://www.ptpress.com.cn
　　天津千鹤文化传播有限公司印刷

◆ 开本：720×960　1/16
　　印张：17　　　　　　　　　　2024 年 2 月第 1 版
　　字数：298 千字　　　　　　　2024 年 2 月天津第 1 次印刷

定价：89.80 元
读者服务热线：(010)81055296　印装质量热线：(010)81055316
反盗版热线：(010)81055315
广告经营许可证：京东市监广登字 20170147 号

前言

2020 年开始，全球经济环境因受多重因素影响而引发大规模的转型和改变。企业身处其中，绝不能随波逐流，必须做出抉择。企业将如何通过积极的自我改进来迎接新的机遇？在诸多答案中，现场管理实战显得愈发重要。

现场管理并非我国企业普遍重视的管理领域。很多传统型管理者认为，只有坐在会议室里对提案、报表做出决策才叫管理。然而，管理的真谛是让管理者的所有理念和手段能落到基层，在现场中发挥作用。因此，管理者只有到生产和服务一线展开积极行动，才能发现问题并组织落实改善措施。真正能让管理者发挥价值的地方也是现场，并且在精益生产体系中，现场管理从来都处于非常重要的地位。本书也由此诞生。

全书从理论出发而落于实践，对现场管理的底层逻辑进行充分梳理，形成完整实用的操作脉络，以此引导读者充分认识各种现场管理手段的内容和意义。

本书第 1 章为重新认识现场管理，旨在帮助读者了解现场管理的基本定义。第 2 章为现场管理八大关键，从项目启动、样板拓展区、员工管理、设备管理、现场物料管理、环境监测、作业标准和提案改善等方面，阐述现场管理的关键。第 3 章为目视管理，重点介绍目视管理的定义与目视设计、VIP 通道、看板管理。第 4 章为线体布局与品管圈课题管理，分别普及企业生产现场线体布局和品管圈课题管理的概念与具体操作方式。

现场管理的建设，离不开"人"和"物"两大重要主体，因此，从第 5 章开始，本书内容侧重于企业团队层面，主要包括卓越班组管理、6S 现场管理及改善、人才育成和现场质量管理四大内容。其中卓越班组管理和人才育成重点从员工培训、管理角度诠释现场管理的出发点，而 6S 现场管理及改善、现场质量管理重点从现场物品、产品角度介绍现场管理的落脚点。企业只有通过"人"和"物"的有效改善，才能实现现场管理的有效升级。

罗马不是一天建成的，无论企业规模大小，现场管理体系的建设都不可能毕其功于一役。现场管理绝不是风风火火的活动，也不是装点门面的排场。管理者只有真正静下心来，愿意从办公室走出来，深入生产车间、班组，和每个普通员工打交道，才能获得从 PPT、报表中无法了解到的重要信息，才能找到现场管理改善的灵感，摸索出管理升级的途径。只有当管理者的决策做到一切围绕现场、一切源自现场，现场的一切才能变得更有价值。在这样的过程中，本书将起到提纲挈领的作用，帮助更多企业从现场管理入手，打开通往精益经营的大门。

编者

2023 年 12 月

目录

第1章 重新认识现场管理

第 2 章　现场管理八大关键

第 3 章　目视管理

第 4 章　线体布局与品管圈课题管理

第 5 章　卓越班组管理

第 6 章　6S 现场管理及改善

第 7 章　人才育成

第 8 章　现场质量管理

第1章

重新认识现场管理

现场对企业的意义，犹如健康对于人体的重要性。企业只有管理好现场，实现低成本与高收益的目标，才可算作真正管理好了自身的健康。

1.1 现场与现场管理

人体要想健康运转，消化系统、呼吸系统、神经系统等不可或缺。它们各司其职，才会有情绪、运动、知识、创造力等能力输出，帮助人们取得不同的工作和生活成就。为此，人们需要进行良好的健康管理，如合理摄取营养、自我保健、杀灭有害细菌等，确保所有系统都处于正常工作状态。反之，任何一个生理系统出现问题，都会对人体造成威胁，甚至可能导致死亡

同样，企业要想健康运营，现场管理至关重要。无论是资金、人员、设备，还是流程、技术、沟通，任何一个方面出现问题，企业运营就会产生困难；当问题越来越突出，甚至会导致整个企业陷入瘫痪。

1.1.1 什么是现场

现场，是指企业从事研发、生产、销售及服务活动的作业场所。在我国，制造业企业又习惯将现场称为车间、工厂或生产一线。

大多数企业的现场具有多样性、复杂性的特点，存在诸多管理问题。加强现场管理已势在必行。

1.1.2 什么是现场管理

现场管理，是指运用科学的管理思想、方法和手段，对企业的各类经营要素进行合理配置与优化组合的动态过程。通过现场管理，企业能够确保在不同的现场环境中实现以低成本获取高效益。

现场管理包含企业整体经营活动的各个方面。为有效提高生产效率，企业应不断改善现场管理水平，提高投入产出比，力争以有限资源获得更好的经济效益。

1.1.3　现场管理的构成要素

现场管理目标可分解为质量、成本、速度等具体目标，为实现这些目标，企业应明确现场管理的构成要素。

现场管理包括五大构成要素，分别是人、机、料、法、环。所谓人，指在现场的所有人员，包括主管、司机、生产员工、搬运工等。所谓机，指生产中所使用的设备、工具等辅助生产用具。所谓料，指物料，半成品、配件、原料等产品用料。所谓法，指法则，即生产过程中须遵循的规章制度，它包括工艺指导书，标准工序指引，生产图纸，生产计划表，产品作业标准，检验标准，各种操作规程等。所谓环，指环境，包括产品生产时对环境的要求，也包括员工在生产时对环境的要求。企业对这五大构成要素进行合理配置、优化组合，利用计划、组织、控制、协调、改善等不同管理职能，以确保现场管理的优质、高效、安全。

企业应对五大构成要素做进一步细分。

1.　良好的工作环境

企业通过现场管理有效开展现场作业，并为现场工作者创造良好的工作环境，将生产中的人员、物资之间的关系协调到最佳状态。

（1）人员。人员是现场管理的重点因素。如果现场工作者自身出现问题，必然会对生产造成不良影响。此外，现场环境因素如面积、格局、温度、湿度、照明等，也会引起现场工作者工作状态的变化，进而对生产现场造成影响。

（2）物资。物资，包括"机"和"料"。无论是设备维护所需的零部件，还是生产中不可或缺的原料，都应能随时满足作业需要。如果零部件无法及时保证，或原料难以及时供应，就会导致停工待料，影响生产正常进行。管理者和现场工作者应同企业设备维护部门、原料采购供应部门协调一致，确保设备正常运转及原料供应充足。

2. 高效解决问题

生产现场经常会出现问题，例如生产设备突发故障、上下级沟通不畅、新员工作业能力不足、老员工效率下降等。在现场管理中，管理者必须对不断涌现的问题做出全面分析，依据问题的轻重缓急分别制订和执行解决计划。

3. 消除异常因素

在企业日常现场管理中，管理者需要设置时间节点，形成周密计划，以推动作业开展，并按计划完成生产任务。在这一过程中，管理者必须领导消除异常因素。

现场作业中最理想的状态是顺利执行原有计划，确保产品的品质，降低成本和缩短时间，但现实中通常不可能达到如此完美的状态，管理者必须不断发现妨碍正常生产活动的异常因素，并采取相应对策。

异常，是指现场作业中与预期不一致的情形。例如，由于现场工作者能力不足或状态不佳、原料供应不及时、作业环境不达标、工艺方法落后等导致的问题。

4. 建立合理的组织结构和管理制度

即便每个现场工作者和管理者都很优秀，如果缺乏合理的组织结构和管理制度，也难以形成高效有机的组合，充分发挥现场管理力量。在这种情况下，人、机、料、法、环都会出现问题，对企业发展非常不利。

为此，企业必须建立合理的现场管理组织结构，形成全面覆盖、有效运作的管理制度，凝聚所有员工的智慧和力量，确保他们能实现共同目标。

1.2　现场管理的现状、意义与价值

不同企业生产的产品、提供的服务不同，现场管理的现状也有所不同，但现场管理的意义与价值是接近的，管理者只有对之充分理解，才能使现场管理走向成功。

1.2.1　现场管理的现状

近年来，我国企业在精益管理基础上注重现场管理改善，使现场管理水平普遍有所提高。然而，从总体上看，企业现场管理落后的状况仍较为突出：不少企业对现场环境要求不高，存在"脏乱差"现象；一些企业规章制度不严，岗位责任不清，违背工艺标准规程操作的现象时常发生；还有的企业生产现场设备保养不当，"跑冒滴漏"问题严重，作业硬件无法达到技术要求……

现场管理落后逐渐成为企业成长的拦路虎，导致企业产品质量不佳、成本过高、生产效益低下、整体竞争力不足，最终影响和制约了企业实力的发展。然而，这并非是因为企业缺乏对现场管理的重视，而是因为企业没有持续对现场管理加以改善。

有的企业高管认为，6S管理费时费力，无法带来直接收益；也有企业高管认为，现场管理改善的目的在于打造标杆，只要有了标杆，活动也就可以结束了。凡此种种，在于企业将现场管理工作看得太简单，并未设置真正程序化的管理方式，也没有专门的管理部门加以推进。结果，活动一来，现场风生水起，活动一走，现场重回故态。企业对现场管理的改善缺乏韧性和坚持，由此可见一斑。

企业应形成现场管理改善的良好习惯。企业不能认为现场管理改善能一蹴而就，而是必须将其看成决定未来命运的持久战。企业必须通过现场管理改善员工的行为习惯，进而转变他们的工作观念和态度。

今天，有的企业将现场管理改善作为一项运动，想靠几场会议、几次竞赛就达成目标，这是难以实现的。现场管理改善是企业的永恒追求，是不应该设定终点的长跑。

1.2.2 现场管理的意义与价值

无论我们走进企业的哪一个生产现场，都能比较清楚地看出该企业的管理水平，从而了解企业的经营状况。这是因为生产现场是企业管理活动的缩影，其意义与价值体现在每一件小事中。

企业现场管理的意义与价值主要通过以下 4 个方面来体现。

1. 现场管理能直接创造效益

现场是开发、生产或销售的场所。企业想要降低成本，按期将产品交付给客户并达到客户的要求，都必须通过现场来实现。通过现场管理，企业能直接提升产品或服务的附加值，并获得生存和发展的空间。

在激烈的竞争中，企业和同行生产相同的产品，价格竞争能力的重要性不言而喻。企业能否以较低的成本来满足价格竞争需求，很大程度上取决于自身现场管理的水平。现场管理水平越高，生产成本越低，企业的价格竞争能力就越强。

2. 现场管理能提供大量信息

现场管理能为管理者提供大量的信息，包括人员之间、人员和物品之间、物品和物品之间等各类信息。通过掌握并分析这些信息，管理者就能明确管理重点，形成科学计划。

3. 现场管理能防微杜渐

企业内的所有重大问题，几乎都是从现场产生的。问题刚出现时，对现场的影响是微小的，变化也是缓慢的。企业如果加强现场管理，就能发现这些苗头，了解产生变化的背景和原因。企业积极进行现场管理，就能在问题产生初期抓住问题根源，采取切实措施，将问题消灭在萌芽状态。

现场管理的所有工作都是围绕现场进行的。问题发生后，通过现场管理，企业能迅速发现问题产生的原因并加以解决。因为现场是所有信息的来源，也是所有问题最终的表现，所以通过对现场一手情况的掌握，管理者可以了解事情的来龙去脉，及时进行处理或向上级报告。

4. 现场管理能培养员工

员工不是机器，而是活生生的人，每位员工都有其思维、情感和态度。通过现场管理，管理者能深入接触工作状态下的员工，了解他们的情绪变化、工作态度和想法。也只有在现场管理中，管理者才能有好的机会同员工沟通和交流，以便采用正确的方法帮助和引导员工。

企业现场管理的价值在于对实际生产或服务过程的把握。管理者在现场详细检查后多问几个"为什么"，比坐在办公桌后能更快地寻找到解决问题的方法。有经验的管理者一般能靠丰富的现场管理经验确定问题产生的原因，而不必总是使用复杂的仪器或图表去检测。

例如，对于流水线质检中发现的一个不合格产品，管理者通过将其握在手中，用眼睛去观察，用手去接触、感受，然后再有目的地去检查对应的生产方式和设备，即可确定问题产生的原因。一旦认定问题产生的原因，管理者即可当场采取改善措施，如让员工改正错误的操作办法、维修机器设备、利用替代工具等，从而保证作业继续进行。

现场管理的真正价值，不仅在于解决问题，还在于持续地追问"为什么"。管理者通过寻根溯源，能找到问题产生的最根本原因，进而改善企业的现场管理标准，避免问题再次产生。

1.3 现场管理的目标与步骤

任何管理活动都应有正确的目标与步骤。现场管理活动中，企业只有通过目标指引，按科学的步骤流程操作，才能获得良好的结果。

1.3.1 现场管理的目标

依据现场管理的定义，现场质量管理目标包括保证质量、按期交货、安全生产、控制成本和员工培养，如图 1-1 所示。

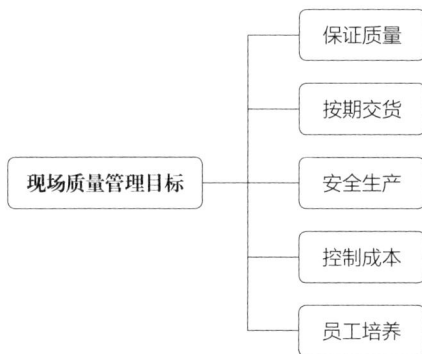

```
                              ┌─────────────┐
                          ┌───│  保证质量    │
                          │   └─────────────┘
                          │   ┌─────────────┐
                          ├───│  按期交货    │
                          │   └─────────────┘
┌──────────────┐          │   ┌─────────────┐
│ 现场质量管理目标│─────────┼───│  安全生产    │
└──────────────┘          │   └─────────────┘
                          │   ┌─────────────┐
                          ├───│  控制成本    │
                          │   └─────────────┘
                          │   ┌─────────────┐
                          └───│  员工培养    │
                              └─────────────┘
```

图 1-1 现场质量管理目标

（1）保证质量。现场生产的产品或提供的服务，其质量必须符合标准和规范要求，其过程应稳定受控，以达成过程质量目标。

（2）按期交货。企业应提高现场劳动生产效率，按质按量按期完成生产计划，不断提升生产速度。

（3）安全生产。企业应确保员工在生产作业中的安全，确保现场设备设施和财产的安全。

（4）控制成本。企业应通过现场管理，提高物料、能源、装备的综合利用效率，减少直至消灭各种浪费。

（5）员工培养。在现场管理中，企业应引导员工掌握必要的作业技能，建立良好的行为习惯，养成端正的工作态度。企业应通过解决问题，调动一线员工工作的主动性、积极性和创造力，使全员开动脑筋，参与改善，进行自主管理。

1.3.2　现场管理改善的步骤

现场管理改善的目的在于规范现场，实现基础管理的标准化，在企业内形成全员参与的改善文化。在现场管理改善过程中，企业通过成立团队、实操辅导、现场实践、难点改善和重点突破，树立精益标杆，推动现场管理水平的提升。

现场管理改善的步骤共 5 步，如图 1-2 所示。

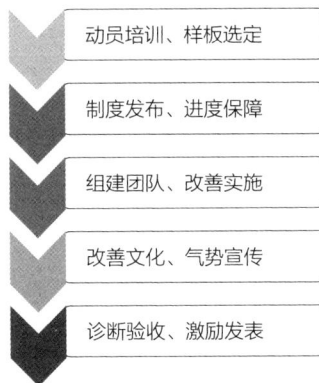

动员培训、样板选定

制度发布、进度保障

组建团队、改善实施

改善文化、气势宣传

诊断验收、激励发表

图 1-2　现场管理改善的步骤

各步骤主要内容如下。

（1）动员培训、样板选定。由现场管理改善办公室组织培训，培训具体内容包括现场管理改善的内容和目的、现场管理推进计划及实施方法、现场管理检查要求和评比奖惩方法、现场生产技术和工艺管理方法、定置管理和目视管理等现场管理工具的运用、安全教育等。

（2）制度发布、进度保障。企业发布的与现场管理改善相关的制度，应落实到具体部门、班组、岗位和人员，内容包括现场管理改善的工作计划、实施方法、管理制度、检查标准和考核制度等。各部门做好现场管理改善的协调、检查、督办、评比、教育、指导等工作，支持现场管理持续改善。

（3）组建团队、改善实施。组建推进团队，实施现场管理改善计划，具体包括全面清理生产现场的物品，修理破损的物品设备，运用定置管理、目视管理等工具确定产品的存放区域并划线、标识等。在改善实施到一定程度后，开始运用定点摄影、红牌作战等工具，对现场改善做进一步的成果推进。

（4）改善文化、气势宣传。企业建立现场改善文化并进行推广宣传。这一步骤的目标在于让全员树立紧张意识，高层引导、中层参与、基层实施，多层面并行开展现场管理改善。

（5）诊断验收、激励发表。对参与现场改善的各部门、班组的成果进行诊断验收，并将激励结果面向企业全体员工加以发表。这一步骤能够引导员工充分认识企业推行现场管理改善活动的意义，抛弃固有观念，养成精细化管理的习惯。

1.4　现场管理项目引入之项目诊断

企业进行现场管理改善，必须基于实践形成计划和实施对策。为此，企业需对现场管理项目进行充分的诊断和调研，收集足够信息，形成前期认识。

1.4.1　现场团队改善能力调研

现场团队改善能力调研，是指企业在专业咨询机构的引导下，通过制度查阅、交流座谈、现场考察、资料收集、分析结合等步骤，对现场团队现有的改善能力进行调研。

项目推动者必须走出办公室，面对精益现场团队开展调研，只有在现场进行深入调研，项目推动者才能了解团队现有的改善能力。这一环节中的主要调研对象是班组成员和车间级别的管理者。

在精益现场团队改善能力调研中，企业应着重了解时间、主体、问题和困难。其中，时间主要指提升改善能力的具体时间，如马上、半年内、一年后等；主体指目前最需关注改善能力的部门，如某车间、某部门等；问题和困难，即相关主体在现场表现出的问题和困难，这些问题和困难越具体越好，如现场生产效率较低、可视化程度不足、在制品积压太多等。

1.4.2　现场目视化成熟度调研

企业的现场管理模式必须兼顾作业团队，同时有利于生产活动中管理者及时进行监督了解。目视化管理方式应运而生。为进一步提升现场管理效率，企业必须根据不同生产现场的实际情况，扎实做好目视化成熟度调研工作。

对大多数制造业企业而言，生产现场并没有太多高科技成分导致的难题，更多的是各种细节层面上的小问题，这些问题甚至已经为在场员工所熟悉。现场目视化成熟度调研必须基于这一现状进行。

现场目视化成熟度的判定原则有3个，即通用性、敏捷性和一致性，如图1-3所示。

图1-3　现场目视化成熟度的判定原则

（1）通用性。当有异常发生时，现场能否做到无论是谁都能判明情况。调研者应假设不同的员工处于现场时，是否能因为目视化措施而看清过程和结果。这一原则覆盖的员工角色越多，目视化成熟度就越高。

（2）敏捷性。目视化体系是为员工迅速且准确地做出判断而服务的。它不仅要能帮助现场员工做出判断，而且判断要迅速和准确。企业应通过调研了解员工做出判断的速度，衡量员工在目视化体系作用下的反应，以了解目视化成熟度。

（3）一致性。在目视化不成熟的情况下，现场的判断结果往往会因人而异。企业对目视化成熟度的调研，应重点围绕判断结果的一致性进行。生产现场的员工如果对标准与目视化内容的理解是相同的，也就建立了相近的判断方法与准则，从而提高了结果的一致性，表现出较高的目视化成熟度。

1.4.3　企业基层、中层、高层访谈

现场项目的调研主要面向企业基层组织开展，但调研者必须从高层展开访谈。只有高管们充分支持，精益现场项目才能顺利开展；随着访谈不断深入，再逐步扩大到中层、基层。

调研中，和不同层级的员工谈话，调研者需要突出不同的内容重点。

和高层谈话，调研者应突出精益现场项目的战略意义，引起高管们的高度重视，树立企业持续作战的决心，从而坚定不移地向目标推进。

和中层谈话，调研者应强调各部门领导在实施现场项目过程中的意义，通过访谈明确他们是生产现场的"顶头上司"，也是直接责任人。只有各部门领导齐心支持班组建设，并在调研中提供充分信息，项目才能顺利落实执行。

和基层的谈话应围绕现场的实际情况开展，调研者应事先拟定详细提纲，直接了解现场项目的背景情况、开展前提。

访谈结束后，调研者应就与不同层级员工的谈话生成调研报告。在现场项目实施前，调研者应召开会议并邀请各层级员工代表参加，集中讨论调研报告，明确现场改善的举措方向。

1.4.4　数据采集

随着信息技术应用的发展，企业现场管理的量化越来越重要。如果还是依靠原有的粗放式现场管理，还是仅仅靠人与人之间的关系来做改善，企业的发展必然会受到制约。因此，调研者在现场调研中必须采集大量有效数据，以适应当下越来越细分的竞争模式。

在采集数据时，调研者首先应明确数据的意义和价值，了解采集现场各类数据是为了实现有效改善。在采集数据时，必须聚焦到改善点，不能贪多求全，不能希望通过一次采集就解决所有问题，而是应该将多次调研得到的数据结合起来，体现完整问题并加以解决。因此，现场数据的采集应明确重点、注重聚焦。

在采集数据时，调研者应着重进行具体的现状分析。例如产品不良率为10%，合格率只有90%，这样的单纯数据对现场管理改善意义不大。调研者必须对导致10%不良率的具体原因进行分类统计，例如色差、裂纹、颗粒、气泡等。只有这样，才能进一步了解问题背后的不同原因，从而将现场管理数据化，而不是单纯靠经验感觉。

数据采集的另一目标，是使现场改善分阶段进行。如果不提前设置好现场改善阶段的量化目标，就难以在推进前做好充足准备，也无法在推进过程中及时加以衡量检查。因此，前期调研时调研者就应结合现状，设定好改善的量化周期，采集设备效率、员工操作速度等相应数据，以便进行效果跟踪。

1.5　现场管理项目引入之项目准备

现场管理的精益改善，需要企业实现从基层到高层的全面转变。企业不能将其看成细枝末节的变化，而是要充分调动各参与部门的力量，汇集所需资源，着手项目的准备。

1.5.1 项目启动物资

现场管理项目的启动应准备必要的物资，主要包括以下内容。

1. 标志物（宣传条幅）

通常情况下，项目启动会议使用的宣传横幅的宽度为 60 厘米，长度根据现场实际张贴位置确定。另外，建议使用写真喷绘，因为写真喷绘的使用周期长，现场悬挂效果好。

2. 现场改善看板

样板区确定后，每区应配置一块看板，可用于"一周一标杆"现场改善验收及后续自我改善组织，也可用于改善结果输出。现场改善看板的尺寸通常为 1.2 米 ×2.4 米，材质为喷绘贴膜，黏附在白板上。

3. 白板

管理团队应为每个样板区准备一块白板，用来张贴工作安排及每日战报。

4. 企业级宣传橱窗

企业应在显要橱窗位置设置宣传栏，对现场管理项目动态进行实时宣传，同时应在橱窗位置增加宣传标语。

5. 启动会、总结会横幅

横幅应在启动会、总结会前制作完成，并悬挂在会议室的前、后位置。

6. 样板区授牌、奖状

企业应准备授牌、奖状，用于颁发给改善项目的样板区。

7. 启动大会PPT

启动大会 PPT 应包括如下内容。

（1）宣布现场管理项目推行组织、方针、口号。

（2）精益咨询 ×× 老师工作计划介绍。

（3）公布企业样板区，对相关现场团队进行介绍等。

（4）项目文件。现场管理项目使用的文件，包括样板区建设激励制度、合格现场验收标准、现场验收诊断卡、验收通过后的奖励证书等。

1.5.2　红头文件发布

企业开展现场管理项目，应以高层名义发布红头文件。文件的层层下达和学习，有助于形成良好的改善氛围，调动有关部门管理团队和基层执行团队的参与积极性。

红头文件中，除应明确现场管理项目的战略意义，确定项目的启动时间、样板区外，还应强调现场管理改善的目标。

现场管理项目的启动，往往处于企业新旧交替的时间节点。企业通过明确目标，能指导相关负责人正确判断项目的价值，同时凝聚基层员工的力量。因此，红头文件中需要明确现场管理改善的总目标，突出高效、节约、革新等理念。同时，红头文件还可以进一步分解现场管理改善目标，将样板区的现场日常管理、设备维护、工艺技术操作、人员管理、成本管理、目视化管理等工作环节的要求和内容落实为具体目标，为基层实施项目提供更明确的指导方向。

1.5.3　项目管理制度汇编

精益管理理念在现场管理改善中发挥作用的前提，来自完善的制度保障。企业应当通过指标化、数据化、标准化、程序化、表格化的方式，明确现场管理项目的目标，完善现场管理模式，推动工作考核制度、绩效激励制度的建设，明确现场班组各岗位的工作职责、工作流程。

在项目管理制度汇编中，项目推进团队应特别注重中基层管理者职责要求的完善及其相关考核制度的制定。当现场改善责任下放至基层部门后，他们就是整个项目落实的责任人，是引导现场成员践行改革要求的骨干力量。只有当他们感受到制度的引导力量并被激发出热情后，现场管理改善才有成功的可能。

1.5.4　项目推进组织搭建与权责确定

项目推进组织搭建，本质上是一种分工与协作的安排。科学合理地分工、协作，能提高改革的效率，推进改革措施的实施。

班组项目的组织架构是企业整体组织架构的一部分。除了高层应设立专门的项目推进小组外，一线团队也是现场管理项目推进的核心，需对项目推进小组负责。

现场管理团队无论组成人员数量多少，皆需加强自身组织架构建设，具体参考如下做法。

（1）建立从车间领导到班组长的负责制，监督改革措施的落实情况，考核改革措施的实施效果。从车间领导到班组长的管理者应各司其职，积极向项目推进小组负责人汇报项目工作开展情况。

（2）实行团队看板制度。各样板区配置一块团队看板，项目推进小组每周进行现场改善验收，各现场团队根据验收结果进行自我改善。

（3）根据现场改善具体工作内容，明确具体责任人。在日常考勤、生产材料管理等诸多环节设置具体责任人，确保管理落实到人，各司其职，人尽其用。

（4）充分发挥现场管理团队的作用，与班组长配合完成各项工作的布置、监督、考核、反馈。

1.5.5　样板区分析

现场管理项目主要通过对样板区现场状况进行分析，改进生产过程的组织管理和工作方法，形成企业内部的标杆。样板区现场状况分析一般包括流程改进、合理布局、生产改进、操作动作和补救办法等几个层面，如图 1-4 所示。

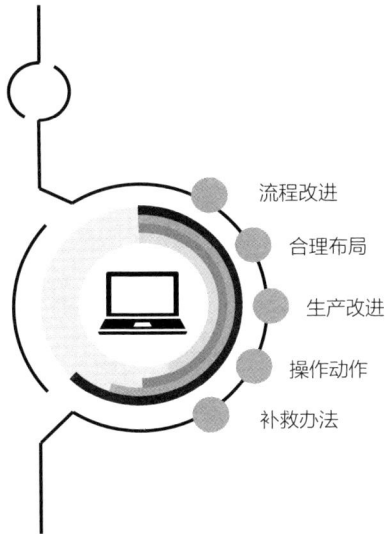

流程改进

合理布局

生产改进

操作动作

补救办法

图 1-4　样板区分析内容

构建样板区是为了发挥其示范作用，达到以点带面的效果。我们对样板区进行分析也是为了更好地改进落实管理制度，实现现场管理改善的标准化。

（1）流程改进。调研者应重点分析样板区存在哪些工艺流程不合理，工序烦琐、浪费的现象。例如某企业设置的生产加工车间，该车间仓库位于中间，第一台设备加工完成后的零件要先送入仓库取出后，再由第二台设备进行加工，这导致了移动中的浪费。如果将第一台设备加工完成后的零件直接送到第二台设备进行加工，就能形成有效改善。

（2）合理布局。调研者应对现场作业的平面布置、设备设施配置是否合理进行分析，重点观察其中有无重复和过长的路线。

（3）生产改进。调研者应分析样板区现场工作环境是否能满足精益生产的需要，并提出改进意见。有些现场工作环境只能满足生产需要，不能满足员工生理需要，存在噪声、灰尘、有害气体、安全隐患等，这些同样属于改进范围。

（4）操作动作。调研者应重点调研生产现场员工的操作动作，分析人与物的结合状态，消除多余动作，确定合理的操作方法。

（5）补救办法。调研者应重点分析样板区目前缺少的物品、工具或制度，以落实补救办法。

第 2 章

现场管理八大关键

现场管理能反映一个企业的企业形象、管理水平、品质控制和员工素质。精益现场管理作为现代企业发展的重要管理模式，以 6S 管理为基础，涉及项目、样板拓展区、员工、设备、物料、环境、作业、提案等方面。现场管理者需要充分意识到精益现场管理的重要性，抓住精益现场八大关键，积极引导员工参与改善工作。

2.1 项目启动

项目启动是指企业正式开始一个项目，或继续开展项目的下一个阶段。在精益现场管理工作中，项目启动的主要内容包括一周一标杆项目，项目启动誓师大会，启动周现场巡回辅导，标杆周改善报告编制导入，现场 6S 改善，启动周例会运营，标杆周验收、总结与表彰大会等。

项目启动是精益现场管理实施的第一阶段。在该阶段，管理团队需向项目的所有参与人说明项目总目标、各阶段目标、各阶段安排等，参与人详细了解这些内容，有利于项目顺利实施。

2.1.1 一周一标杆项目启动

一周一标杆项目启动是企业实施精益现场管理的第一步。通过树立革新标杆，企业员工能意识到现场改善不仅能提高生产质量，对企业长远发展也有重要意义。

一周一标杆项目启动前，企业应着手准备事项确认与团队组建。首先，负责领导应组织相关部门之间的沟通，然后制定项目制度。开展沟通前，企业应认真梳理此次项目的可行性和价值，尽可能凸显其优势，让各方都容易接受。如果可能，企业还应提出多种方案供各方选择，并为参与方分析方案利弊。

沟通完毕后，企业即可进行组织架构的建立、样板区及负责人的确认等工作。由于一周一标杆项目的启动是为了树立精益改善文化，统一员工思想，因此选择的负责人应具备充分的激励能力。这样可以保证在一周一标杆项目推行过程中，负责人能点燃下属激情、提升员工能力、促进团结凝聚、提高团队绩效。

确定负责人的同时，企业还需确认硬件准备，以确保项目顺利实施，并对样板区进行定点摄影，用来作为改善效果的依据。

随后，企业应划分干部和员工的比例，确认挂靠干部范围。由于一周一标杆项目的开展起点是样板区，接下来再横向扩展到其他区域、部门甚至是整个企业，因此需要进行有效人员划分。有效人员划分以分组形式进行，员工各自为所在团队全力以赴地改善问题。分组时，各组还需选出团长，确定团队名称、口号、队旗等。

样板区正式确定后，团队成员应到样板区进行整理和大扫除，团长需监督并完善每个人的分工。

2.1.2　项目启动誓师大会

通过项目启动誓师大会，企业将项目的目的和意义告知所有参与者，并强调团队改善的组织标准和方法体系。项目启动誓师大会同时也是现场改善前对参与者的动员和教育，能有效鼓舞团队的士气。

项目启动誓师大会应有严谨的流程，如图 2-1 所示。

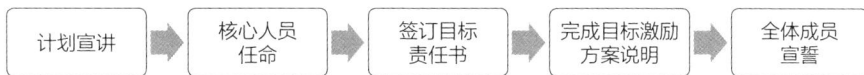

计划宣讲　➡　核心人员任命　➡　签订目标责任书　➡　完成目标激励方案说明　➡　全体成员宣誓

图 2-1　项目启动誓师大会流程

（1）计划宣讲。一周一标杆项目计划宣讲是项目启动誓师大会的首要流程，具有重要价值。在该流程，企业高层领导全面系统地为全体员工传达一周一标杆项目流程说明、样板区问题、改善标准及目标的关键环节，宣讲应简单明了、突出重点，时间不宜过长。

（2）核心人员任命。负责人和团长是一周一标杆项目的核心人员，高层领导在全面阐述总体计划后，应对其予以任命，并将责任及目标细分落实到每位负责人和团长身上。

（3）签订目标责任书。负责人、团长获任命后，需与高层领导签订目标责任书，落实改善区域责任到人制度。

（4）完成目标激励方案说明。目标责任书签订完成后，项目主要负责人或高层领导向全体员工公布项目激励方案。该流程意在让全体员工明白项目总体目标与各部门利益、个人利益的关系。

（5）全体成员宣誓。誓师大会，顾名思义，其亮点在于宣誓。因此大会的最后一个环节是全体成员宣誓，所有人喊出各自所在团队的名称、口号并展示队旗，表达现场改善目标的决心与信心。

2.1.3　启动周现场巡回辅导

利用启动周现场巡回辅导，管理团队和咨询机构针对各样板区进行改善辅导，这有利于不同的改善经验在企业内扩展积累。

巡回辅导期间，辅导员须多与一线员工打交道，面对面地对员工进行辅导。具体的辅导形式可以多种多样，普遍性问题可采取一对多辅导，个别问题可采取一对一辅导，以提高改善效率。辅导员在巡回辅导时的注意事项如图2-2所示。

巡回辅导要有计划和准备

选择合适的辅导对象

做好辅导过程记录

巡回辅导要长期进行

图2-2　巡回辅导注意事项

（1）巡回辅导要有计划和准备。巡回辅导是重要且有效的改善推进方法，辅导员必须严肃认真对待，提前做好计划和准备，对辅导的人员、时间、内容等要了如指掌，对现场问题、改善难点要做到心中有数。

辅导员最好能提前预测改善中会遇到的问题，并提前准备好应对方法，以给予员工明确的指导或建议。辅导员即便遇到难题也不可敷衍塞责，可以与同事一起研究解决，切忌不懂装懂。

（2）选择合适的辅导对象。巡回辅导往往以车间为单位展开，参与的辅导对象较多。为提高辅导效率，最大化巡回辅导的作用，辅导员可先辅导具有代表性问题的团队，或优先辅导有改善亮点的团队。辅导员从优秀人员和典型问题入手能够提高辅导效率，使一周一标杆项目起到更好的示范作用。

例如，车间员工反映设备点检表针对性不强、点检部位不形象，辅导员可设置统一的点检看板格式，使表格内容直观、点检部位准确，以提高点检效率。当其他车间也出现类似情况时，辅导员就不用再一一辅导，而是将本次辅导经验横向扩展给其他车间，以提高辅导效率。

（3）做好辅导过程记录。辅导过程记录主要是记录重点问题和改善方式，为下一项目或下一样板区的实施做好准备。辅导员可根据实际过程记录提纲或要点，以免疏漏，便于今后的总结和参考。

（4）巡回辅导要长期进行。一周一标杆项目属于经常性的工作，辅导员要根据改善的内容，在关键时刻恰到好处地对相关员工进行巡回辅导，帮助他们解决问题。这样辅导员不仅能贴近基层，了解实际现场工作情形，还能根据巡回辅导内容拟定下一步的工作计划，不断优化辅导内容，总结优秀经验，纠正团队问题。

2.1.4　标杆周改善报告编制导入

标杆周改善报告既是改善活动的结果，也是对改善活动进行评价的工具，用于改善活动成果的总结和发表。

　　一份优秀的标杆周改善报告，不仅能详细地记录标杆周改善过程中的大小事务，还能在横向扩展时方便其他团队和部门成员开展学习。企业在编制标杆周改善报告时应做好分类整理，方便下一项目或团队导入既有的改善经验。

　　标杆周改善报告的分类需遵循科学的维度，如图 2-3 所示。

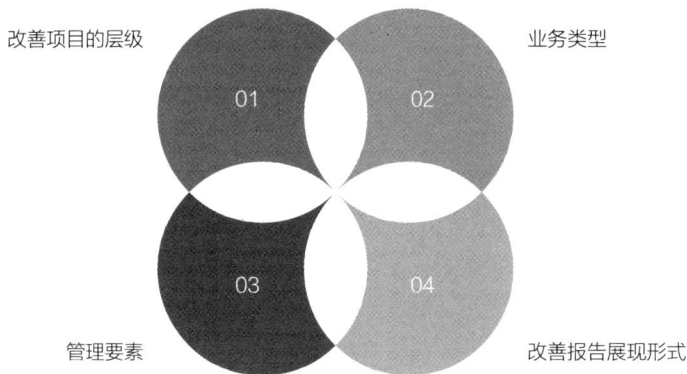

改善项目的层级　　　　　　　　　　　　业务类型

01　　　　02

03　　　　04

管理要素　　　　　　　　　　　改善报告展现形式

图 2-3　标杆周改善报告的分类维度

　　（1）按改善项目的层级分类。根据改善项目的层级，可分为公司级、部门级、车间级等。

　　（2）按业务类型分类。根据改善项目的业务类型，可分为物流改善类、产品质量提升类、车间卫生改善类等。

　　（3）按管理要素分类。根据管理目标五大要素，可分为 Q、C、D、S、M 五大类，分别代表 q- 提升品质、c- 降低成本、d- 确保交期、s- 确保人身安全、m- 提高士气。

　　（4）按改善报告展现形式分类。根据改善报告的最终展现形式，可分为幻灯片展示、改善课题报告书展示等。

　　实际编制导入标杆周改善报告时，可以从多个维度进行分类。例如一个涉及企业所有产品质量改善的周标杆项目的改善报告，按改善项目的层级可列为公司级，按管理要素又可以列为 Q 类。

　　无论采用何种分类维度，标杆周改善报告的编制都需要遵守三大原则。一是报告应能反映当期工作重点，具有一定的前瞻性和推广性。二是报告应逻辑严密，每个观点都必须有充分的案例证据说明。三是报告的展现形式可以多种多样，但必须一目了然，无须解说也能理解。例如，改善流程可以用流程图，改善前后对比可以用图表，以此来直观表达内容。

标杆周改善报告导入是指新的周标杆项目在实施时，可通过借鉴原有经验来提高改善效率，同时也能减少辅导员巡回辅导的工作量。为此，标杆周改善报告在编制时必须遵循上述三大原则，使新项目员工能在最短的时间内理解。标杆周改善报告只有做到内容充实、重点突出，才能提供成熟的导入条件，新项目团队在借鉴时也能驾轻就熟。

2.1.5　启动周例会运营

会议是企业内最常用的沟通方式，包括每日会议、周例会、月度会议、季度会议、年度会议等。周例会的主要作用是总结上一周的工作成果，分配下一周的工作计划，从而解决工作难题，鼓舞员工士气。

周例会运营是精益现场管理中目标管理的重要手段，有利于领导掌握现场改善的进度，向员工指明下一阶段的发展方向。为此，周例会运营离不开以下几个方面的内容。

（1）监督进度。主持人向所有参会者汇报本周各项工作进度，这样有利于领导和各个部门的员工掌握总体进度和业务动态，从而做出更好的安排；同时也能通过进度的对比鼓励先进、鞭策后进，促使所有人改善工作方法。

（2）解决问题。各部门员工在一周的生产活动中难免遇到问题或难点，周例会便于让所有人描述遇到的问题，然后共同尝试解决问题。这种方式不仅效率高，还能促进团队成员互帮互助。

（3）工作安排。主持人说明下周的工作任务与目标，以及完成任务需要注意的事项。员工清楚了工作方向，就能全身心地投入工作，提高工作效率。

（4）鼓舞士气。周例会往往在周一召开，管理者需要在此时激励员工，为他们加油打气，促使他们更好地完成目标。在会议上，管理者也可以对上周优秀员工进行表彰，给予其精神或物质奖励，提高员工的工作积极性，鼓舞大家力争先进，拿到更多的奖励。

周例会运营也需要有相应的规章制度约束。例如所有员工除特殊情况外不准缺席、与会人员做好会议记录、每周准时开始、严格控制会议时间等。这样就能确保每位员工都重视周例会，使周例会的运营更加高效。

2.1.6　标杆周验收、总结与表彰大会

标杆周验收、总结与表彰大会一般在标杆周的最后一天举行，由企业高管或项目负责团队进行验收。每个改善团队都应将样板区的改善前后对比亮点展示出来。验收团队要做好记录，学习优秀经验，带动其他团队横向学习。

验收后，由项目负责人发表总结报告。总结报告是对标杆周的详细总结，主要包括项目推行情况、取得成果、不足之处，总结改善成功的经验和失败的教训，为以后的工作开展提供借鉴，客观地评价标杆周工作执行情况，实事求是地做出评价，帮助所有员工统一方向。

总结完毕后，验收领导需对在此次标杆周中取得优异成绩的团队和个人做出表彰，给予其精神或物质奖励。企业通过激励优秀团队和个人，为所有员工树立学习的榜样，从而在整个企业形成一股力争先进的风气。

标杆周验收、总结与表彰大会并不代表精益现场管理的结束，而是现场改善开始阶段的总结。通过总结经验、吸取教训，企业能激发员工改善的积极性，进而推动整个企业向上发展，提高企业的核心竞争力。

2.2　样板拓展区

在精益现场管理改善中，企业高层应优先集中力量进行样板区建设，并利用样板区的示范作用进行横向扩展，为全体员工提供改善标准，强化全体员工对精益现场管理的认知。

2.2.1　样板拓展区全程拓展计划拟定

一份好的计划书是样板区高效拓展的有力保障，它的拟定应基于拓展区域或部门、组织架构、涉及人员，并结合改善对象、改善内容、改善日期，形成具有可行性的全程拓展计划，以免样板拓展区实施过程与预定计划出现较大偏差。例如某公司在制订样板拓展区计划书时，其内容仅表明改善意义、改善部门、活动时间和大致目的，这样的计划书会大大降低员工的积极性，导致员工认为企业并不重视此事。

项目负责人在拟定样板拓展区全程拓展计划时，应该审慎思考，通过以下步骤进行，如图 2-4 所示。

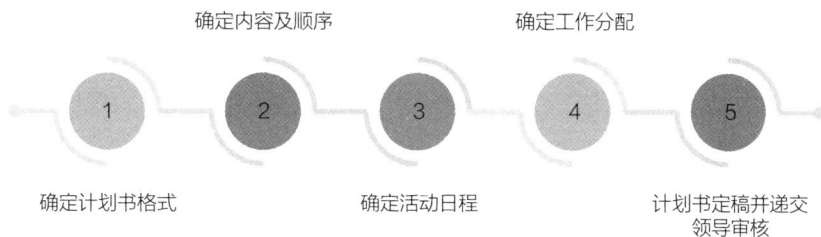

确定内容及顺序　　　　　确定工作分配

① ② ③ ④ ⑤

确定计划书格式　　　确定活动日程　　　计划书定稿并递交
　　　　　　　　　　　　　　　　　　领导审核

图 2-4　样板拓展区计划书拟定步骤

（1）确定计划书格式。计划书的拟定工具通常为甘特图。甘特图可以结合项目列表、活动时间，清晰地展示出项目的持续时间和顺序。

甘特图属于线条图，其横轴表示时间，纵轴表示项目，线条表示项目计划和实际完成情况。甘特图能让所有人直观了解项目进度，把握样板区拓展进程。如果企业有长期沿用的工具格式，或者领导已规定具体格式，也可以使用。

（2）确定内容及顺序。确定样板拓展区全程拓展内容，包括确定组织架构、改善区域或部门、改善内容等，此外还需要确定样板拓展区顺序。样板区对改善起到示范作用，在选择样板拓展区时，有重点或难点问题的区域应优先拓展。

（3）确定活动日程。项目负责人与改善团队进行讨论，确定各样板拓展区拓展日程。由于拓展的时间一般为一周，所以日程尽量以周为单位。如果改善区域或部门的细分项目过多，日程也可以以天为单位，方便领导掌握项目进度。

（4）确定工作分配。选定每个拓展区域或部门的负责人，负责人一般是部门主管或者班组长，企业对其进行统一培训，确保每个人都熟悉工作内容。随后，由负责人将任务下发给所有员工。负责人也应认真对待自身的工作，在样板拓展区中起到带头和监督作用，提高样板区拓展的效率与质量。

（5）计划书定稿并递交领导审核。上述步骤及时间确定后，项目负责人编制计划书定稿并递交给领导，等待领导审核，领导审核通过后即可着手准备项目实施。

2.2.2　6S 实战指导

样板拓展区是通过样板区优先实行 6S 管理，对人员、机器、材料、方法、信息等生产要素进行科学管理，再树立标杆以横向拓展，带动整个企业贯彻执行 6S 管理，改善工作环境，提高工作效率，提高员工素质，树立企业形象。

1955 年，日本企业提出"安全始于整理、整顿，终于整理、整顿"的口号，并在此基础上逐步增加"清扫、清洁、素养"活动，这便是早期的 5S 管理。5S 管理传到国外后，又添加了"安全"活动。由于这 6 个词的首字母都是"S"，因此被统称为"6S"。

样板区 6S 管理主要包括整理、整顿、清扫、清洁、素养、安全这 6 个步骤，具体的实施情况如下。

（1）整理。整理主要是丢弃不要的东西，整改团队应要求样板区的工作人员找出身旁不要的东西加以清除。舍弃不要的东西，不仅可以腾出更大的空间，而且更容易让问题暴露。现场没有了杂物，员工的心情会更加愉悦，工作效率也会更高。常用的整理实施方法为红牌作战法——通过发现问题点并张贴红牌，让大家积极地去改善。

（2）整顿。整顿是决定物品的放置位置，通过定置管理将需要的物品明示化，不需要说明就能让员工知道物品放在哪里。将使用频率不同的物品放在对应的位置，能减少寻找时间，提高工作效率。整顿时往往需要先进行扫除，这样能让目视管理更加高效。

（3）清扫。工作人员对样板区进行清洁打扫，使样板区保持整洁美观。清扫不仅可以令现场美观整洁，还能提高和改善产品质量。为了长效执行清扫工作，样板区负责人应规定清扫的步骤、方法、工具、对象、频率等，以保证清扫的制度化和标准化。

（4）清洁。清洁是持续进行的整理、整顿、清扫工作，强调持续保持整洁。例如要求车间做到一直处于整洁状态，即使有客人到访也无须提前打扫，客人看到的即是工作环境的日常状态。

（5）素养。素养指员工的技能、品质、礼仪、工作习惯等素质。所有员工应自觉遵守规章制度，自发积极完成工作，共同树立良好的企业形象。打造样板区时，企业可通过培训提升员工技能水平，培养"多能工"，提高员工综合素质。

（6）安全。无论样板区拓展还是日常现场生产，样板区负责人都应重视安全教育，促使员工树立安全防范意识，确保所有工作都在安全的前提下开展。

2.2.3　推进例会运营

推进例会运营是为了促进样板区拓展工作尽快落实。通过例会，领导可以了解拓展进度，宣布下一步工作计划，承上启下，保证后续拓展工作的顺利开展。

推进例会运营时的重点包括以下几个阶段，如图 2-5 所示。

会议组织 ➡ 会议前期准备 ➡ 会议阶段 ➡ 会议结束

图 2-5　推进例会运营的重点阶段

（1）会议组织。推进例会由精益推进办公室负责监督与指导，例会定期举行，所有参会人员要准时参会，遵守会议纪律，积极参与讨论，共同推进样板区拓展。

（2）会议前期准备。项目负责人需了解样板拓展区进度与成果，通过了解工作重点难点，做到心中有数，有备参会。例如项目负责人通过总结报告或询问车间负责人，了解上一阶段的工作情况和遇到的问题，以提前准备解决方案。

（3）会议阶段。项目负责人对样板区拓展成果进行总结，对没有达到改善目标的样板区进行分析，找出原因并制定解决方案；通过总结和拓展以往的改善经验，确定下一阶段工作计划，分析工作重点与难点。在会议中，项目负责人应让大家积极参与讨论，听取大家的意见，鼓舞士气，推进项目落实。

（4）会议结束。每次推进例会内容需要被详细记录，会后由专人整理出会议纪要并存档。对于推进例会中形成的解决方案或行动方式，项目负责人要督促各样板区负责人组织实施，以保证推进例会的成果能得到正确落实。

推进例会是对以往工作经验的总结，也是对今后重点工作的安排部署，因此所有参会人员要积极主动、凝心聚力，共同为企业的发展出谋划策。

2.2.4　现场循环检查评比机制运营

为落实推进样板区拓展工作，提高样板区改善质量，提高所有参与员工的积极性，企业应制定现场循环检查评比机制，以鼓励先进、鞭策后进。

现场循环检查评比主要是对各样板区共同检查评比，以防止样板区改善完毕后员工觉得完成任务了，从而产生松懈心理。各样板区通过评比相互帮助，找出彼此不足，交流经验后进行改善；再检查评比，再找不足，再整改。如此循环进行，各样板区之间能加深改善经验的交流，形成互帮互助的企业氛围，实现经验共享，共同提高。通过评比机制，争当先进的竞争氛围得以形成，这样能充分调动各样板区工作人员的积极性。

在实施过程中，样板区负责人负责统筹管理，定期组织各样板区负责人进行现场检查，评比出最优样板区和最差样板区。除了评分外，各样板区负责人还须详细讲述评分理由，因为现场循环检查评比机制不是为了进行分数比较，而是为了帮助各样板区认识到自己的不足。

在检查评比中，评分最高的样板区，其负责人应进行改善经验分享，传递优秀样板区经验，为评分低的样板区提供帮助，协助其找到整改措施。在进行下一周期的检查评比时，企业应对上次暴露的问题进行查验，继续评比出最优样板区和最差样板区。对在检查评比中连续两次当选最优样板区的部门或班组，精益推进办公室应在企业全体大会上对其进行表扬，给予其精神和物质奖励；相反，对连续两次被评为最差样板区的部门或班组，精益推进办公室需要对其进行公开批评，并进行更大力度的协助和监督，直至其通过验收为止。

建立了精益现场管理体系的企业，均实施了现场循环检查评比机制。实践证明，这些企业内无论是样板区拓展，还是其他工作的开展，各部门或班组间都会形成浓厚的竞争氛围。在这期间，领导的管理能力和员工的技能水平也在竞争中不断提升，各部门或班组间的能力差距越来越小，生产效率越来越高，企业的核心竞争力日益凸显。

2.2.5　样板拓展区验收评比

样板拓展区验收评比，是指企业完成所有样板区拓展后，为固化改善结果，使6S管理长效运行，根据6S管理工作的具体要求，制定6S联合检查评价机制并对样板区进行验收。

验收评比的主要工作是对各样板拓展区进行现场检查。为确保验收评比的公平性，相同的检查区域内检查的项目内容和评比标准都应尽可能相同。

例如对两个不同样板区的展板、看板进行检查时，评比的第一个标准是版面设置合理、标题正确，符合标准计一分。第二个标准是版面设置美观、内容充实且更新及时，符合标准计一分。验收评比时，两个不同样板区的展板、看板都是根据这两个标准进行评分的。

样板拓展区验收评比应遵循具体的实施步骤，如图2-6所示。

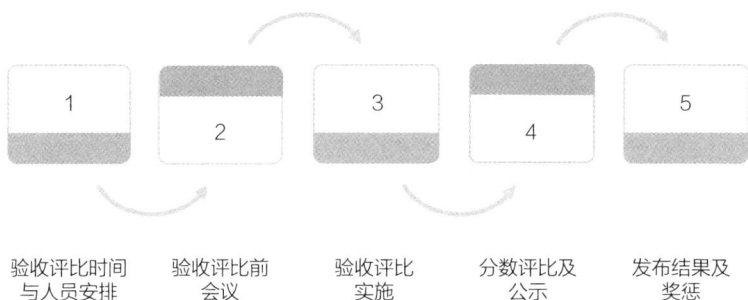

图2-6　样板拓展区验收评比实施步骤

（1）验收评比时间与人员安排。验收评比时间和人员由精益推进办公室提前一周确定。在人员构成上，设组长1人，各区域负责人3~5人，精益推进办公室负责人1人，并由精益推进办公室准备检查物资、联系人员、拍照记录。

（2）验收评比前会议。正式验收评比前，由精益推进办公室召集所有验收评比人员参与验收评比前会议。会议主要传达验收评比规则、标准、验收路线及责任分工等，同时应强调，为了客观公正，检查人员在自己所负责区域进行验收评比时，不参与评分。

（3）验收评比实施。由精益推进办公室负责人带领，按既定路线对各样板拓展区进行验收评比，检查人员按验收评比标准所列项目逐项检查并评分。验收时发现的亮点或者问题要由专人进行拍摄，其他人员进行准确客观的描述。在进行验收评比时，该样板拓展区的负责人也可主动介绍改善亮点，为检查人员提供指引。

（4）分数评比及公示。验收评比结束后，由精益推进办公室进行分数汇总、排名并编制报告，之后精益推进办公室还需对各样板拓展区的分数、排名、改善亮点、存在问题等进行公示。

（5）发布结果及奖惩。分数评比结果一般公示 3 日，员工对公示内容无异议后，由精益推进办公室进行最终结果发布，并对评比优秀的样板拓展区进行公开表扬，给予其物质和精神奖励，例如为优秀样板拓展区挂先进单位红旗、奖励现金等。而对验收不合格或评分较低的样板拓展区，由精益推进办公室下达整改通知单，并协助其整改至通过验收为止。

样板拓展区是企业践行 6S 管理的重要标志，但改善过程不能止于验收评比。验收评比的目的是提高所有员工执行 6S 管理的积极性，为贯彻落实 6S 管理，各样板拓展区还应实行现场循环检查评比或定期进行验收评比。

2.2.6 六源改善活动导入

通过样板区拓展项目，员工能切实体会到 6S 管理对产品质量、工作效率、个人素质方面的有效帮助。为进一步推动全员改善管理在企业持续有效地开展，企业应导入六源改善活动，找出不合理、不稳定、不经济的因素，促进现场改善，巩固 6S 管理成果。

具体导入时，企业可先以车间或部门为单位，成立六源改善活动小组，让所有员工找出日常生产活动中的问题。例如在现场看到或感觉到的不妥当、不必要、不整齐、不正常、不安全等现象，或有更好解决方法的问题等。企业应让员工放心提出六源问题，向他们说明寻找六源问题是精益生产改善的重要内容。当员工提出问题后，企业再引导员工将这些问题分类，对应到六源，即危险源、清扫困难源、污染源、故障源、缺陷源、浪费源。

员工提出六源问题后，企业应进行有效解决。对能由员工自行解决的问题，企业应鼓励员工自行解决；对不能由员工自行解决的问题，应由车间或部门共同解决；对超出能力或职权范围的问题，企业领导应组织相关人员进行现场指导解决。企业管理层应充分重视六源改善活动的开展，鼓励或推进员工积极参与，这样才能使六源改善活动取得应有的成效。

在六源改善活动初期，员工往往会发现大量的问题。同时，六源改善活动需要持续进行，其方法与效果也需要随时进行巩固。因此，六源改善活动要有明确的管理机制，使企业有规矩可循，有规章可依，奖罚分明，激励所有员工积极参与六源改善活动。

六源改善活动的本质是解决问题、改善现场，活动的成果一定要体现为实际改善而不能流于形式，追求漂亮的数据。在导入六源改善活动前，企业须制订完备的衡量指标或要求，让改善效果量化。

2.3 员工管理

人力资源是企业的第一资源。企业实现业务目标，离不开所有员工的努力，这要求企业将合适的人员分配到合适的职位上，实现各司其职。企业通过培养多能工，提升员工技能水平，提高员工综合素质，能够实现高效员工管理。这样做有利于减少人力资源成本，保证企业拥有一定数量和质量的劳动力，从而推动生产经营的顺利进行。

2.3.1 员工基础信息造册管理优化

员工基础信息是企业需掌握的重要信息，做好员工基础信息管理能有效提高企业人效，降低用人成本。为进一步优化员工基础信息管理，企业应对员工基础信息进行造册存档，专人专柜保管存放。

员工基础信息包括姓名、性别、政治面貌、户籍、身份证号码、出生年月、家庭住址、用工形式、入职时间等。此外，企业需重点掌握的信息还包括岗位信息。岗位信息包括工种、多能工、岗位技能登记、技能证书等级等。

企业人力资源部门在造册时，要保证档案能及时更新、完善和归档，做到排列有序、查找方便，员工的培训、奖惩等信息资料也应及时收集入册。例如车间某普通员工原本只掌握灌胶这道工序，在经过培训后，现在已会焊锡和镭雕，并已经考取初级焊工证书。此时，人力资源部门就需及时更新档案，在焊锡和镭雕工序人手不足时，及时调配该员工承担任务。

进行员工基础信息管理时，在职人员与离职人员的信息要分开管理，每月定时清查离职人员档案，保证层次清楚、整理规范。

企业内任何人如需查阅档案，需经上级领导许可，还需登记查阅理由并签字确认。企业任何部门未经允许，不得擅自销毁、丢弃员工档案；对离职超过 2 年的员工的档案，销毁时人事管理员须填写《销毁申请表》，上报人力资源总监同意后方可销毁。

2.3.2　多能工培训导入

多能工指的是精通多道工序、熟悉多个岗位作业的员工。培养和调配多能工可以有效降低企业人力成本。例如当企业订单猛增的时候，企业不必临时外聘员工，可通过多能工的调配来确保生产作业正常进行。

导入多能工培训有利于提高企业生产柔性，使企业灵活应对突发事件；同时也可使员工学习掌握多岗位技能，显著提高个人综合素质。

多能工的培训主要有 4 个步骤，如图 2-7 所示。

确定对象 ➡ 制订计划 ➡ 实施培训 ➡ 考核评价

图 2-7　多能工的培训步骤

（1）确定对象。成功开展多能工培训的前提是工序、工位划分明确，操作内容标准化，这样能防止重复培训或无用培训。多能工培训应优先选择入职3个月以上的员工，要求员工已熟练掌握本职工作内容，并有强烈的自我提升意愿。对是否已经熟练掌握本职工作内容，负责人不可随意做出个人判断，要有相应的熟练度评价规则。

（2）制订计划。负责人需根据员工工种属性，由易到难、由简单到复杂地根据实际情况制订计划。制订计划时，负责人应优先选择强关联性或人员需求度高的岗位。

（3）实施培训。为避免影响正常生产计划，负责人应尽量安排生产以外的时间开展培训。培训应严格按照计划执行，培训导师应从企业专业培训员、四级以上班组长或标准作业指导书编制者中择优挑选。

（4）考核评价。员工培训完成后需进行技能考核，以帮助员工进行自我检查，评估和了解自身差距，改进工作技能。培训导师应通过发放不同层次的技能证书，为员工提升技能创造路径。对培训中表现优秀或技能提升显著的员工，企业可利用荣誉墙等加以展示，以激发其他员工的上进心；也可为员工颁发证书，给予员工强烈的荣誉感。

2.3.3　开展岗位培训

岗位培训（on the job training，OJT）是指在生产现场，由管理者或熟练掌握技能的老员工对下级、普通员工和新员工，通过实操指导的方式进行直接培训。实操时，管理者或老员工做出示范讲解，下级、普通员工和新员工开展实践学习，有不懂的问题则当场解答，双方互相学习、共同改善。

OJT一般要经过以下7步。

（1）帮助学员放松紧张心理。学员面对的培训导师一般是管理者或老员工，因此学员在他们的指导下学习一项新技能难免会感受到压力，容易操作失误。培训导师应该先帮助学员放松下来，告诉他们不懂就问，不要有心理压力。

（2）告诉学员准备做什么及这样做的原因。实操前，培训导师应先对接下来要做的事情进行讲解，强调重点难点，并解释为什么要这样做，让学员对接下来要进行的操作做到心中有数。

（3）向学员示范。这一步是最关键的，为加深学员的理解，培训导师应一边实操一边重复刚刚讲过的步骤，耐心地讲解重点难点，确保学员正确理解。

（4）请学员跟着做。在经过培训导师的讲解和实操后，学员基本了解了操作流程。此时培训导师可以请学员跟着做，以方便自己初步了解学员的掌握程度。

（5）让学员上手操作。为巩固学习成果，学员可以一边操作一边对步骤进行说明。当步骤或操作有误时，培训导师要及时纠正。

（6）学员独自完成操作过程。培训导师逐渐减少对学员的指导，让学员独自上手操作，并在操作后对其进行点评与建议。

（7）观察、改善、赞美。融洽的培训氛围可以使学员更高效地掌握所学技能。培训导师要随时观察学员的状态，对学员操作有误的地方再次耐心讲解，引导改善。当学员做得好的时候，培训导师应给予学员赞美和鼓励。

2.3.4　员工技能矩阵评价管理导入

多能工培训的目的是培养一人多岗、一岗多能的通才，在企业遇到突发事件时，多能工能随时解决人员不足的问题。

为了让领导了解多能工的培训情况，充分发挥每位员工的技能优势，各部门应导入员工技能矩阵评价管理。员工技能矩阵评价是指企业根据岗位技能要求的评定项目，对每位员工的技能掌握情况进行划分评比。这一评价体系根据员工的技能掌握情况，具体分为 5 个等级，等级越高代表员工技能掌握越熟练，如表 2-1 所示。

表 2-1 员工技能掌握等级

等级	标准	掌握程度
一级	员工达到技能目标 60% 以下	暂不适用
二级	员工达到技能目标 60% 及以上	能进行简单操作但是需要指导
三级	员工达到技能目标 70% 及以上	可以独立进行简单操作
四级	员工达到技能目标 80% 及以上	可以独立操作并解决部分疑难问题
五级	员工达到技能目标 90% 及以上	可以解决出现的大部分技术问题并指导他人

通过导入员工技能矩阵评价管理，领导可以更加方便地进行人员调配，提升企业遇到突发事件时的应对能力。

2.3.5 特殊岗位技能认证管理

特殊岗位是指员工需有特定资格证才能胜任的岗位，常见的有焊工、电工、叉车工、电梯工等。企业实行特殊岗位技能认证管理，一方面是为了保障员工操作符合上岗要求，防止安全事故发生，另一方面是为了了解员工对特殊技能的掌握情况。这样当企业有特殊需求时，就能灵活调配员工，降低人力资源成本。

在特殊岗位管理方面，国家机关规定须持证上岗的，上岗人员必须持有相关证件。一些企业内部规定的特殊岗位，员工在上岗前也必须经过培训、考核；考核通过后，由人力资源部颁发相关证件后才可上岗。由于每家企业的操作流程和步骤可能不一致，所以新员工入职或老员工转岗时，即使持有特殊岗位技能认证，企业也需指定一名辅导人员进行指导并考核，员工只有考核通过后才可单独作业。例如某企业招聘锅炉工一名，新员工入职后不可单独操作，需有辅导人员带领操作；根据企业规定或辅导人员确认其考核通过后，新员工才可单独操作设备。

由于岗位资格证书一般都存在有效期，在证书到期之前，企业人力资源部需要通知员工进行更换或审核，避免证书过期导致员工无法上岗。另外，人力资源部对于企业内部所有特殊岗位，每年需至少进行一次审核，对审核不合格的员工，取消其上岗资格并要求重新进行培训，培训合格后可重新上岗，培训后不合格者做辞退处理。

企业中的特殊岗位可能并不多，但却是不可或缺的部分。企业可以通过不定期开展技能培训的方式，提升员工技能水平，提高特殊员工作业效率。

2.4　设备管理

随着科技的进步，各个行业已逐渐由"依靠人来生产"转变为"依靠设备来生产"。现代化设备的广泛运用极大提高了生产效率。在促进整个行业高速发展的同时，现代化设备也在朝着高、精、尖的方向发展。为有效利用资源，企业必须加强设备管理，提高设备的综合利用效率，以适应竞争需要。

2.4.1　TPM 初期阶段导入

TPM 即 Total Productive Maintenance，是指全员参与的生产维护活动，也称之为全员生产保全，它以提高设备综合效率为目标，以全系统的预防维修为过程，全面追求企业生产效率极限。

企业在进行 TPM 导入时需严格按照步骤进行，以确保设备管理的效率。其中 step0 阶段的主要任务是整理和整顿，step1 阶段的主要任务是设备初期打扫及清除浪费。step0-1 阶段是"现场和人"的改善，其导入一般需经过以下几个过程，如图 2-8 所示。

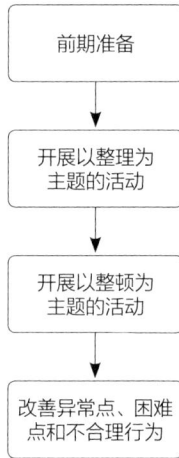

图2-8 TPMstep0-1阶段的导入过程

（1）前期准备。在这一阶段，主要由精益推进办公室选择活动对象，可以选择任一车间。确定活动对象后，即可开始制订活动计划。为了让所有员工了解 TPM 的 step0-1 阶段，企业可以制作活动看板，方便大家了解活动内容。活动正式开始前需要举行动员大会，鼓励大家积极参与。

（2）开展以整理为主题的活动。以整理为主题的活动要求所有现场员工区分需要与不需要的东西，保留需要的东西，撤除不需要的东西，其目的是节省空间。整理常用的方法有定点摄影法。例如在活动开展期间，定点拍摄现场并按照时间顺序把照片一张一张贴出来，这样员工可以明确地看到改善的成果，发现更多需要改善的地方。

（3）开展以整顿为主题的活动。整顿是指通过三定三要素的方法来减少寻找时间，提高效率。其中三定指的是定点、定容、定量，即明确具体的放置位置，明确使用容器的大小、材质和规定合适的数量。三要素指的是场所、方法和标识，即明确物品放置区域、放置方法及现场标识。同样地，为了方便对比改善结果，也可以采用定点摄影法。

（4）改善异常点、困难点和不合理行为。每周对改善行为进行总结，总结既可以各个部门或车间单独进行，也可以用全体大会的形式共同学习。班组长负责纠正员工在改善中出现的问题，协助解决难点，并且动员大家不断整理整顿，持久推进现场 6S 管理。

2.4.2　设备初期清扫成果输出

设备是企业生产的工具，设备保养情况直接影响到设备的使用寿命和产品质量，做好设备的保养工作对现场的所有工作都非常重要。

设备初期清扫主要以加工点为基础开展，其方法和步骤如下。

（1）污染去除的清扫。将设备分解开，细致擦拭每个零件，通过分解设备，员工可以了解到设备的构造与设备是否存在问题。进行多次清扫后，员工可以总结经验，提高清扫速度，缩短清扫时间。

（2）点检、观察的清扫。设备清扫不是一劳永逸的，清扫后的设备往往会出现新的污染源，精益改善体系将之称为发生源。面对发生源，员工应重新进行清扫。如果重新清扫完依然存在发生源，说明一些地方是员工难以清扫到的，这些地方称为困难源。点检、观察工作的意义在于找出发生源和困难源。

（3）改善的清扫。当发生源和困难源被发现后，员工需要改进清扫方法，开发清扫工具，避免出现重复清扫依然无法清扫干净的情况。

（4）建立设备清扫基准书。员工通过一系列的清扫实践工作，已基本掌握分解设备、清扫发生源和困难源的技能。此时为巩固清扫成果，可建立清扫基准书。详见下节。

2.4.3　设备清扫基准书建立

设备清扫基准书是基于设备初期清扫经验形成的。设备清扫基准书需要解决的问题是当设备初期清扫已经完成，针对常见问题、发生源、困难源等进行了清扫改善，但设备仍出现问题时，员工需要如何进行标准化的清扫。因此，设备清扫基准书必须是清晰详细的，要包括设备名称、编号、所属区域，清扫部位名称、清扫基准、清扫方法、清扫工具、清扫周期、注意事项及运行状态等。此外，针对不同设备，设备清扫基准书还需进行补充说明。设备清扫基准书的作用在于使清扫方法简单化、清扫工具简单化、清扫时间合理化、设备效率最大化。

例如，某陶瓷工厂制粉车间中，电柜机内部的清扫基准是无灰尘、无浆料，清扫方法是在电工指导下用吸尘器、干抹布进行清理，清扫周期是每次停机都要清扫，注意事项是防止进水等。这些要点都被载入了电柜机的设备清扫基准书。

通过阅读设备清扫基准书，每位现场员工都可以清楚明了地对设备各个部位进行清扫，提升了设备清扫效率，规范了清扫操作，让员工能更加安全地使用设备。

设备清扫基准书是对之前工作经验的有效总结。如果员工在清扫中开发了更好的清扫工具或有了更好的改善方法，那么企业可以对员工进行奖励，并对设备清扫基准书进行更新，以提高员工改善设备清扫的积极性，这对企业来说具有长远意义。

2.4.4　设备自主点检管理导入

设备自主点检是指现场员工对限定区域范围里的设备，按规定的检查周期和方法进行预防性检查，或对设备进行有计划的调整、维修。通过设备自主点检，现场员工能了解和掌握设备主要零部件的磨损程度，以便尽早发现设备缺陷，及时进行改善和修理，使设备始终处于最佳状态。

设备自主点检管理的意义在于预防安全事故的发生，延长设备使用寿命，因此在导入时应遵循统一的步骤，如图2-9所示。

确定点检对象　➡　制定设备自主点检标准　➡　确定设备自主点检职责　➡　量化考核

图2-9　设备自主点检管理导入步骤

（1）确定点检对象。点检对象及设备自主点检管理的适用范围一般为整个厂区的全部生产设备。

（2）制定设备自主点检标准。自主点检标准包括设备名称、部位、清扫方法、清扫工具、点检路线、人员分工等内容，自主点检标准也应随着设备使用年限、实际状态等的变化进行及时更新。

（3）确定设备自主点检职责。现场员工在进行点检作业时需做好点检记录，发现问题能解决的必须立即解决，不能解决的应主动上报给维修负责人；如不能及时处理，在交接班时一定要重点说明。班组长的职责主要是协同现场员工解决设备问题，并汇报每天的点检情况与设备状态。

（4）量化考核。设备自主点检考核主要是对点检效果进行评估，通过掌握设备状态的发展趋势与检修情况来判断设备点检效果，并以这个结果作为现场员工设备管理考核的依据。如某硅片厂员工，某月通过设备自主点检发现 3 处设备缺陷，并及时上报维修，保障了车间的正常运行。

2.4.5　设备"跑冒滴漏"治理导入

设备"跑冒滴漏"是指设备在自主保全管理中，因管理不善或操作不当而产生跑气、冒水、滴液、漏液的现象。设备"跑冒滴漏"治理的意义在于提高工厂技术设备素质，充分发挥设备效能，保障工厂设备完好。设备"跑冒滴漏"治理导入的步骤如下。

（1）建立组织架构。由高层领导或班组长牵头成立设备"跑冒滴漏"治理领导小组，主要负责车间内设备"跑冒滴漏"治理工作的监督和实施，对于各部门出现的问题，需要及时协助整改。

（2）确定治理目标。由设备"跑冒滴漏"治理领导小组确定治理目标，治理目标必须可量化，以便于评估治理效果。如通过 3 个月的设备"跑冒滴漏"治理工作，实现设备维修率下降20%，车间电耗下降10%。

（3）分阶段实施。设备"跑冒滴漏"治理工作一般涉及的都是整个工厂的设备。为使治理工作有序进行，需分阶段进行治理，具体时间由领导小组商定。例如治理工作可以分 3 阶段进行，第一阶段为集中排查阶段，第二阶段为集中整治阶段，第三阶段为效果验收阶段。

（4）总结与表彰大会。设备"跑冒滴漏"治理工作验收后，治理领导小组需对整个工作进行总结，主要是对各部门或车间的改善情况进行评估，对积极完成工作且改善效果显著的部门或车间进行奖励，对消极应付的部门或车间进行通报并让其限期整改。

2.4.6　全员生产保全方案规划

为保障设备自主保全工作得到贯彻执行，提高工作效率，企业需提前规划全员生产保全（TPM）工作方案。企业应成立 TPM 推进小组，成员包括部门领导和班组长。部门领导负责整个 TPM 工作的统筹规划和监督，班组长负责指导车间 TPM 工作的实施。

TPM 方案的核心内容主要包括 4 个方面，如图 2-10 所示。

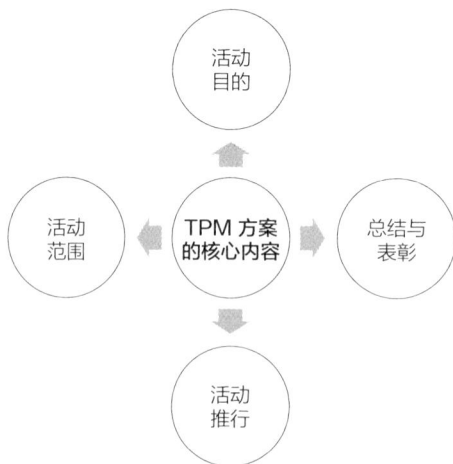

图 2-10　TPM 方案的核心内容

（1）活动目的。TPM 的活动目的在于提高设备使用效率，以系统化、标准化的预防维修为基础，全员参与设备保养和维修，防患于未然。

（2）活动范围。TPM 的活动范围一般是整个企业，因为现在的企业中，不管是职能部门，还是生产部门，工作的进行都离不开设备的支持。例如一个大型食用油加工厂，办公室需要计算机和打印机等设备，榨油车间需要榨油设备。企业做好设备自主保全，能保障各项工作顺畅运转。

（3）活动推行。TPM 的活动推行应分为 3 个阶段，即开始准备阶段、正式实施阶段、推进巩固阶段。开始准备阶段主要是进行 TPM 前期宣传，并成立 TPM 推进小组，对 TPM 辅导员进行统一培训，并在正式实施前启动誓师大会。正式实施阶段和推进巩固阶段主要是成立 TPM 活动小组，各小组经过培训后可正式开展 TPM 活动，小组成员在辅导员的指导下改善与巩固所学技能。

（4）总结与表彰。召开总结与表彰大会，对 TPM 活动小组来说是一种鼓励和激励，也有利于各小组之间相互学习、总结经验，推进设备管理在企业间的长效运行。

2.4.7　设备管理指标的设置与运营

为保证设备稳定运行，提高员工维修与保养设备的水平，企业需进一步加强设备管理管控，设置与运营设备管理指标，将设备管理的效果量化。

设备管理指标的设置应反映核心重点设备或工序的管理水平，因此，非关键指标不列入管控范围。例如设备的润滑完成率和润滑完成数指标中，润滑完成率是实际润滑数量与预计润滑数量的比值，它能反映员工进行设备润滑的效率；而润滑完成数仅仅能说明工作量，对于评估设备管理效果的意义不大，因此是非关键指标。

设备管理指标通常分为综合运行指标和特征运行指标。

综合运行指标指在设备日常管理中涉及点检、润滑、维修等活动的指标。这些活动都可以通过定量或数据化的指标来衡量设备管理的效果，如点检完成率、润滑完成率、设备故障率、设备维修费用控制百分比。

特征运行指标指主要针对部门、车间、工艺、工序的不同，对重点设备进行个性化控制管理的指标，如榨油机停机次数、纸箱印刷作业率、外包装塑封作业率等。特征运行指标通常应建立三级考核机制，分别是公司级、厂级和车间级，既方便企业高效统一地进行设备管理，又利于各厂区或车间对设备更好地进行控制和维护。

设备管理指标的运营应科学合理，能反映设备运行效率和企业设备管理的水平。各部门要全力配合协助，每月定时将各项指标汇总上交给设备管理负责小组，并接受检查和监督。

2.4.8　指标考核与绩效关联管理优化

设备管理指标量化可直接体现设备维修、保养的效果，指标考核与绩效的直接关联，也有利于推动设备管理。

指标考核与绩效的关联应做到制度公开透明、评估公平公正，以奖励激励员工积极参与，从而提高企业设备管理水平。

为将指标考核充分应用于绩效管理，精益推进办公室需列出各项关键绩效指标（Key Performance Indicator，KPI）、指标权重、KPI公式、考核标准、信息来源、考核主体、考核周期等。由于各车间设备存在差异，考核指标最好应由车间负责人或班组长一同确定。

例如，设备完好率这一指标所占权重为20%，计算公式为完好设备台数与车间全部设备台数的比值。考核标准为目标值的90%，每减少1%，扣2分，总分为100分。考核信息来源于设备台账，考核主体是主管领导，每月考核一次。根据考核成绩进行岗位工资评级，达到90分者为一级工，每月工资5 000元；80分至89分者，每月工资4 500元，以此类推。其中岗位工资中的70%作为基本工资，30%作为考核工资，以鞭策先进、鼓励后进。

企业应将各项考核指标张贴在看板上，在实行前由车间负责人讲述各项指标内容，让员工知晓考核内容并实施。考核的目的不是惩罚，而是引发员工对设备管理的重视，让员工认真学习设备的正确使用方式，精心做好保养和预防维修工作，提高设备使用效率，从而提高企业生产水平。

2.4.9　红牌作战活动导入

企业通过导入红牌作战活动，也能提高全体员工的积极性，增强各岗位员工的自觉性和改善意识。改善推进团队找到设备的问题点，例如错误的操作步骤、没有按照时间维保等问题后，张贴红牌，让所有员工能明白并积极地去改善，从而提高设备资产综合效益。

红牌作战活动的导入步骤如下。

（1）红牌作战培训。企业通过开展培训，让参与者了解红牌作战活动的对象和作战方法。

（2）组织确立及规范确立。确定红牌作战活动的组织架构，包括选取推进组长、推进干事、推进委员等人员并确定其职责；确定红牌作战活动规范，包括挂牌地点、挂牌标准等，小组成员明确分工，小组内一般有找问题的成员、负责红牌填写的成员、发行记录的成员、拍照贴红牌的成员各一名。

（3）红牌发行。小组成员各司其职，一起找出设备的问题点。填写成员负责填写红牌，记录成员确认问题点并详细记录，拍照成员对设备问题进行拍摄，以供改善前后对比。

（4）制定改善对策，实施改善及改善进度跟踪。各车间针对被贴的红牌进行重点改善，推进委员和推进干事负责改善进度跟踪。

（5）验收改善成果或进行成果评价，收回红牌。设备问题改善完毕后，邀请改善推进团队验收，验收通过后，收回红牌。例如某车间的设备每 3 个月需重新保养一次，车间由于逾期未保养设备被贴红牌，需等设备保养且按时登记设备保养台账后方可收回红牌。

（6）统计分析，持续改善。推进委员统计整个过程的红牌发放数量及收回的数量，分析改善效果。红牌作战活动的导入有利于提升全员发现问题、解决问题的能力，因此企业应长期开展，鼓励员工持续改善。

红牌作战活动导入是为了提高设备管理的效率，改善推进团队须全员参与，过程中细心发现问题，不留死角；受检方必须端正态度，正确对待红牌作战活动，以良好的心态接受改善。

2.5　现场物料管理

物料是企业生产的基础材料，为保证生产过程快速连续地进行，企业要做好物料的采购、供应、存储、保管等各项组织管理工作。现场物料管理的意义在于提高产品质量，降低产品成本。企业应重视物料管理，不断提高物料管理水平。

2.5.1　现场物料三定管理优化

三定指的是定点、定量、定容。现场物料三定管理优化是指加强物料管理，使之适时、适量、适质地满足各使用部门的需要，从而节省时间、减少损耗，使物料的使用效率最大化。

现场物料三定管理优化的过程主要包含以下几个方面。

（1）根据使用频率来确定放置的位置。使用频率高的物料，放在距离操作位置较近的地方；使用频率低的物料，放置在距离操作位置较远的地方。通过定点摆放，各使用部门能减少寻找时间，提高工作效率。

（2）各种物料采用合适的容器摆放，并做好标识。这样不仅能让员工在工作时快速找到需要的物料，还能减少因物料过多而导致错误使用的问题。

（3）相同容器里的物料数量要保持一致，而且要标明容量。物料出库时，生产量相同，出库的数量也应该相同，这样可以减少出错。例如某企业生产一个泵体需要前盖、后盖、机壳各一个，按上述操作就可以严格按照生产要求出库，数量也很明确。

物料是企业生产的基础。物料管理涉及采购、仓储、生产等多个部门，需要多部门协调沟通。良好的沟通和稳定合理的生产计划可以最大限度地提高物料使用效率，减少浪费，企业经济效益也将得到大幅度提高。

2.5.2　线边超市布局优化

线边超市是区别于传统仓库的存在。传统仓库适用于批量生产，并不适用于大部分企业的流动生产模式。线边超市的意义是通过简捷的取件通道，对零件给予良好的保护。

在线边超市布局优化过程中，企业应把握总体精益思想，以减少库存、减少搬运、缩短距离、减少浪费、降低负荷、提高效率为目标，展开各种形式的优化。通常而言，线边超市布局优化应从以下几个方面进行。

（1）分析并确定产线物流需求。布局优化工作者要对物流需求和配送流程加以确认，根据精益现场生产线要素设计线边超市，其中应考虑的要素包括人员、设备、物流分布、均衡化生产节拍等。

（2）对线边物料展开设计。布局优化工作者应将物料需求分解到产线的具体工位，同时考虑线边物料如何存放，包括库存设置、使用方式、空间设置等。例如，线边超市的存放方式应采用人机工程的料架、包装，以便于操作人员随时取用。

（3）遵循下游拉动原则。线边超市拉动系统又称为后补充填补拉动系统，即通过下游工序从线边超市中取货，而对上道工序发出指令。因此，线边超市的管理优化，必须遵循下游拉动原则。例如，线边超市中的零部件数量不能太多，否则会占用过多资金和空间；也不能太少，否则会影响生产节拍。

2.5.3 线边超市管理流程优化

线边超市管理流程唯有不断优化，才能通过创新走向精益，达成降低成本、提高效率的效果。

线边超市管理流程优化的重点应集中在物流包装和容器的设计和管理上。容器设计是线边超市管理的重要内容，线边超市应根据零部件的大小、形状等特点，结合生产线模式，对容器加以优化改善，具体应注意以下几点。

（1）无包装上线。员工可直接从容器中取出零部件，减少拆包作业造成的浪费。

（2）尽量多选择可重复使用的塑料容器，减少纸质包装。

（3）选用标准化容器。标准化容器便于员工迅速计算货量，能最大限度地提高线边超市的使用效率。

2.6 环境监测

随着生态环境污染加剧，人类的生态环境保护意识不断增强。企业作为社会经济发展的重要组成部分，理应承担起相应的社会责任。企业通过规范废油、废水、废气的排放，可以减少污染，保护生态环境，降低经营风险，为人类的可持续发展贡献力量。

2.6.1 企业／车间废油废水排放管理规范建设

为控制水污染，保护地表水及地下水水质，保障人体健康，维护生态平衡，企业应按规定排放废油废水。因此企业需要建立健全的废油废水排放管理规范。

企业要有专门的环境监测管理小组管理废油废水的排放，管理小组负责制订废油废水排放指标和监测计划，安排废油废水排放口定期监测。监测时需注意，由于不同地方不同环境的控制标准不同，监测时的判断依据也不同。

例如，污水排放标准可以分为国家排放标准、地方排放标准和行业标准。

造纸工业、船舶工业、钢铁工业等 12 个工业领域在污水排放标准的执行上，不执行国家排放标准，只执行行业标准。而在其他行业，当国家排放标准和地方排放标准并存时，执行地方排放标准。企业需要根据所在行业及地区确定执行标准，并进行相应的指标监测。

企业或车间须有专人负责废油废水的排放口监测和维护，并及时向环境监测管理小组报告监测结果。车间监测人员除做好监测工作外，还需负责车间内废油废水处理设施的日常运行和维护工作，确保废油废水排放符合执行标准。

企业生产过程中产生的废油废水如经集中处理能重复使用，则尽量不排放；如必须排放，一定要符合相应执行标准。对于不能正常排放的废油废水，例如机器设备检修时候产生的废油，应用油桶统一收集处理。此外，当企业产生新的废水废油污染源时，在排放之前，需要上报环境监测管理小组，经管理小组审核批准同意后，新污染源才能排放。

企业废油废水排放管理规范建设意义重大，每家企业都应该重视环境监测管理，确保排放符合国家和地方相关法律、法规的要求，保证企业可持续发展。

2.6.2　企业 / 车间废气排放管理规范建设

企业应清楚，国家除了限制废油废水的排放外，为控制大气污染物的排放量，使空气质量达到环境质量标准，对排入大气中的污染物也进行了限制。

为此，企业应由环境监测管理小组制订废气排放标准和监测计划。企业首先应统计公司或车间产生的各种废气类别，再根据相应国家标准制订排放标准；监测浓度不可以超过最大限值，超过则不能进行排放。当企业排放的废气种类较多时，需要注意监测方法和执行标准的区分。

企业为方便废气监测，在设计排放口时应按照规定设置监测采样孔、采样平台和安全通道。排放口的设置要符合便于采集、便于计量、便于日常监督检查的原则。由于采样孔往往在离地面比较高的位置，所以采样平台的面积和安全防护装置也要合理规划，确保检测人员能安全方便地进行监测。

为了提高工厂员工的环保意识，环境监测管理小组也应不断学习各种废气的处理方法，能通过工厂内部系统集中处理的废气坚决不对外排放，需要对外排放的废气应确保合法合规排放。企业也要不断精进工艺，减少生产过程中的废气排放，减少大气污染，保护与人和一切生物息息相关的大气环境。

2.6.3　车间职业病防护管理优化

车间职业病是指车间工人在生产活动中，因接触粉尘、放射性物质或其他有害有毒物质而引起的疾病。很多职业病造成的伤害是不可逆的，严重的甚至会危及员工健康。因此企业必须重视职业病防护，提高员工安全防范意识，保障员工人身安全。

企业要加强职业病防护设施建设并配备防护用品。最基础的防护设施是在现场建立职业病危害告知卡，将有害有毒物质对健康的危害、理化特性、应急处理方法、防护措施及急救电话张贴在显眼位置。

例如车间的粉尘，它对健康的危害在于吸入一定数量后会引起肺病，还可能引发鼻炎、咽炎、支气管炎等疾病；根据其理化特性，可分为无机性粉尘、有机性粉尘、混合性粉尘。应急处理方法是发现身体状况异常时及时去医院进行检查治疗；防护措施是员工必须佩戴个人防护用品，按时、按规定对身体状况进行定期检查，对除尘设施定期维护和检修，确保除尘设施运转正常。通过职业病危害告知卡，员工可以清晰地知道如何进行现场防护，这对职业病的防护具有积极作用。

除了员工的个人防护以外，企业应以员工的健康安全为重，积极改善和利用新技术、新工艺、新材料，从源头防止职业病的产生。例如某企业机修车间的主要有害物质是粉尘，企业意识到问题的严重性后，引入 KN100 等级的过滤元件并给员工配备更高规格的防尘口罩。这体现了企业在车间职业病防护管理上的用心，同时也反映了企业以员工的健康安全为重的发展观念。

2.6.4　现场照明管理规范建设

为减少浪费，降低生产成本，提升全员节电节能意识，企业需要建立现场照明管理规范，督促员工合理用电、科学用电。

现场照明管理内容包括划分管理职责、规定开关灯时间、灯具检修更换、检查与考核等，如图 2-11 所示。

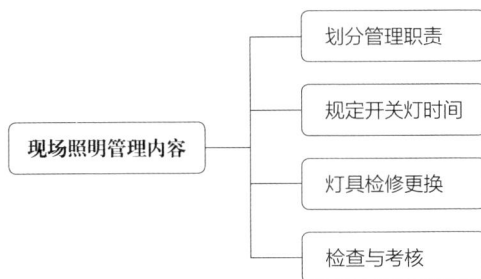

图 2-11　现场照明管理内容

（1）划分管理职责。由行政部或特定部门制定车间照明管理规范，各车间班组长和主管要对现场照明灯具如照明灯、应急灯的使用情况进行监督，引导所有员工遵守照明管理规范。

（2）规定开关灯时间。为减少浪费，车间要规定开关灯时间，无人工作时要做到人走灯灭，不能开长明灯，尤其应该注意走廊或者无人场所的照明灯。鉴于因天气变化引起的车间明暗变化，车间班组长可根据工作需要开关灯；除指定人员外，其他人员不得随意开关灯。例如车间照明灯开启时间为 8:00 到 12:00、14:00 到 18:00，班次结束后指定人员负责关照明灯，休息时间或无人工作时不得开灯。

（3）灯具检修更换。车间照明灯具需要定期检查，当发现照明灯闪烁或不亮时，车间班组长应及时联系行政部或特定部门维修更换。

（4）检查与考核。为确保现场照明管理制度的实施，行政部或特定部门需对各车间照明情况进行监督。存在违规使用照明灯具的，根据浪费程度，对车间负责人进行罚款。例如非工作时间不关灯的，对车间负责人罚款 50 元；下班未关灯导致灯具通宵长明的，对车间负责人罚款 200 元。

企业节能节电不仅能降低生产成本，还能保护人类赖以生存的环境，所以需要人人响应号召，遵守规定。

2.7　作业标准

作业标准是为规范员工操作而制定的，它可以保证员工在岗位上执行标准动作，形成合格的工作成果，生产出合格的产品。作业标准是生产过程的依据，员工在工作中可以通过与作业标准的主动对比来改善自己的不足。常见的作业标准有清扫基准书、岗位维持基准卡等清扫基准书在前面已经介绍，这里不再重复。

2.7.1　岗位维持基准卡建立与拓展

岗位维持基准卡能将岗位成员执行 6S 管理的具体实施步骤和管理标准直接体现出来，通过照片与文字等综合形式建立长效的维持机制，确保岗位区域 6S 管理的长期维持。

一张完善的岗位维持基准卡包括执行 6S 管理后的照片，以及整理、整顿、清扫、清洁、素养、安全这 6 个方面的具体做法。这样做有利于员工按标准化流程进行岗位区域的改善，并适用于任何企业和岗位。

　　例如某企业办公室的岗位维持基准卡在建立时，标明了联系电话、区域成员、值日表、维护周期及 6S 管理标准。在 6S 管理标准中，整理标准是对办公室内各项物品的具体数量进行统计，并确认物品无损坏。整顿标准是所有物品均有定位线和标志牌且放置点正确，所有物品使用完和下班后必须归位。清扫标准是员工根据值日表每日必须对公共区域进行整体清扫，保证所有物品干净整洁无灰尘。清洁标准是每周至少进行一次检查，对不合格的地方进行追踪并限期整改。素养方面则要求全体人员必须严格遵守企业规定，贯彻落实 6S 管理工作。安全标准是下班后要紧锁门窗，做好文件的安全管理。除了以上文字说明外，岗位维持基准卡还附上了现场整理完毕后的照片，方便员工参考。

　　通过照片与文字的相互对照说明，员工可以清晰准确地对岗位区域进行管理。6S 管理的推进需要所有员工共同努力，每位员工既是执行者，也是督促者。通过规范岗位区域管理，企业可以培养员工的良好习惯，不断提高员工素养，塑造自身的良好形象。

2.7.2　OPL 教育导入

　　OPL（One Point Lesson），一般被称为单点课程，又称十分钟教育，其特点是在任何时间、地点，能针对任何问题，由任何人采用任何方式进行培训教育，我们这里简称为 OPL 教育。OPL 教育不仅能传递知识和经验，还能让员工转变角色，由被教育者变为教育者，提升员工的参与意识和责任感，因此 OPL 教育是 TPM 自主保全活动的重要工具之一。

　　企业导入 OPL 教育对于员工整体技能的提升具有重要意义，它使人人成为讲师，将隐形的知识显性化，可以让所有员工现场参与实践。OPL 教育的推行步骤如图 2-12 所示。

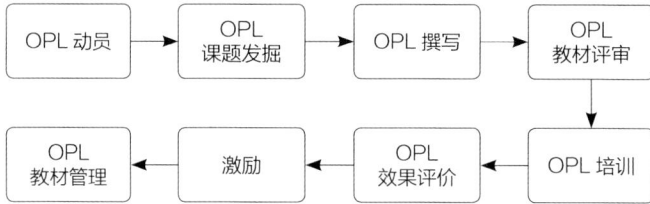

图 2-12　OPL 教育的推行步骤

（1）OPL 动员。领导和班组长应动员每位员工分享自身在工作中的经验，并以 OPL 教育表格的形式写出来。领导和班组长要起带头作用，这样大家才能更加重视 OPL 教育，同时也可以请老员工或优秀员工先分享，以带动其他员工分享。

（2）OPL 课题发掘。课题主要来源于员工的个人工作经验和车间解决工作难题的经验，这些都是企业的宝贵财富，但往往被忽视。还有一些是员工偶然间开发的新工具或新方法，例如员工在对设备进行初级打扫时，开发了更便捷的工具或更快捷的方法，这些对提高企业的生产效率都具有积极意义。

（3）OPL 撰写。企业基层员工的文字表达能力可能偏弱，虽有经验或者方法但却无法系统进行表述，班组长需要引导和帮助员工将他们的经验表达出来，并帮助其整理。一份优秀的 OPL 教材应具有图文并茂、主题明确、清晰易懂、便于操作的特点。

（4）OPL 教材评审。通常由领导或班组长对所有员工提交的 OPL 教材进行评审，判断 OPL 教材是否便于实践利用和浅显易懂。员工提交的 OPL 教材的水平一般是参差不齐的，领导或班组长评审后可以将优秀的 OPL 教材予以公布，让员工学习参考。

（5）OPL 培训。企业可以推选撰写优秀 OPL 教材的员工进行培训分享。由于大家同在车间现场岗位上，会更熟悉彼此的问题，所以让优秀员工进行分享更有利于其他员工进行学习。

（6）OPL 效果评价。OPL 效果主要通过员工的工作效率和错误率的变化得以体现。例如某注塑车间的大碎料机刀片容易磨损，许多员工由于不清楚更换刀片的方法和标准，导致工作效率较低；通过 OPL 教育，所有员工都知道了更换刀片的方法和标准，车间工作效率得到显著提高。

（7）激励。激励是为了推进 OPL 教育的实施，企业通过对撰写优秀 OPL 教材的员工进行奖励，鼓励员工不断提高 OPL 教材撰写水平，从而更好地提升员工整体素质。

（8）OPL 教材管理。员工在工作中会总结出许多经验，某些经验具有指导和推广意义。企业将 OPL 教材进行统一管理，有利于全体员工学习改善，能有效提高企业生产效率。

2.7.3　现场标准作业编制

现场标准作业是以人的动作为中心，剔除其中所有不必要的操作后再进行生产的办法，其目的是以最少人员、最低在库、最高效率来提高产品品质。

现场标准作业是改善生产现场的基础，同时也是管理生产现场的依据，在实行前需要对其进行编制，从而提高作业的速度和稳定性。现场标准作业编制需要按部就班地推进，其编制步骤如图 2-13 所示。

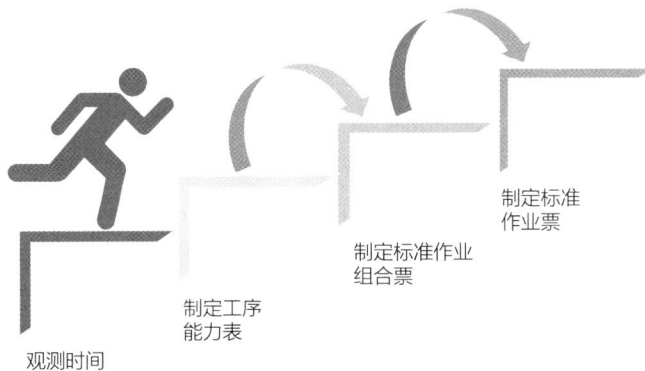

图 2-13　现场标准作业编制步骤

（1）观测时间。观测时间的内容主要包括循环时间、附带作业时间、更换辅助工具时间、偏差时间与节拍时间，这五者构成一道工序的操作时长。

（2）制定工序能力表。工序能力表通过统计工序中每步操作消耗的时间与物料数量来体现整条生产线的生产能力，以找到现场标准作业的改善突破口。例如某企业油泵罩生产线在进行基准面切割时，手作加工时间为5秒，机械加工时间为28秒，生产时长总共是33秒，刀具交换数是600个，交换时间是120秒。通过计算，这条生产线进行基准面切割的能力值为831。而进行端面切削达到同样结果时，手作加工时间为3秒，机械加工时间为25秒，计算所得加工能力值为978。该企业通过直接比较，可明确应该从基准面切割这道工序入手改善。

（3）制定标准作业组合票。编制者将各工序的手工作业时间和步行时间填入表中，将两者之和与节拍时间进行对比，二者相等则是理想的状况，大于或小于节拍时间都需进行改善。

（4）制定标准作业票。编制者应将每位员工的作业范围、节拍时间、循环时间、物流方向等参数以图片的形式挂在明显的地方，这样不仅可以清晰了解现场目前的作业情况，而且未来还可以根据标准作业票修正频率来观察员工是否积极进行改善。

现场标准作业要求员工工作时精力集中，这样每道工序的运作状况才能持续保持最佳，从而保障现场标准作业的顺畅运行。

2.7.4　现场标准作业审核与检讨

现场标准作业的审核与检讨是为了增加有附加价值的作业，减少步行时间和没有附加价值的作业，而不是简单进行劳动强化。因此，审核者在对现场标准作业进行审核时，需注意员工的寻找时间和熟练度方面的问题。例如员工在生产油泵零件时，8小时能生产240个，也就是每2分钟可生产一个；但由于物料放置不规范，导致实际的工作效率只有90%。这时候企业就应该优先从物料的定置管理入手，而不是强制员工提高生产效率。

在日常生产过程中，标准作业内容并不是一成不变的，它会随着设备的更改、生产线的调整、生产量的变化、物料的更换等而发生变化。因此审核者在审核标准作业是否规范的时候不可一刀切，需要根据现场的变化更正标准作业后再审核。

标准作业顺畅运行可以显著提高车间生产效率，减少步行时间和等待时间。改善中出现问题时，审核者需检讨是否将员工的能力与有效作业结合起来，是否已通过鼓励员工来让员工意识到自己岗位的重要性和价值。例如流水线上一个装车门限位器的工序，它是一项固定且机械的操作，熟练的员工可以快而准地将车门与车身的结点对接，进而提高整条生产线上的装配效率。审核者通过鼓励作业人员提高熟练度，能够快速获得作业人员的信任，共同推进标准作业改善。

2.8　提案改善

提案改善是指员工针对人员、物料、设备、环境、方法等生产要素提出建议，以达到改善工作环境、提高生产效率、减少生产浪费、提高产品品质的效果。提案改善鼓励全员参与，除基层员工外，高管和股东也应起带头作用，但高管和股东可不参与奖励激励。

提案改善给了所有员工展现个人才能的机会。对个人来说，提案一旦被采纳即可获得奖金和荣誉；对企业来说，全员参与管理能使企业的发展更加高效。因此企业应充分重视提案改善，建立完善的提案改善奖励制度，让更多的人自发参与进来。

2.8.1　成立提案改善管理委员会

为推进提案改善的实施，企业需要成立提案改善管理委员会。委员会的责任在于管理提案改善工作中的大小事务，负责审核和监督员工上交的提案，同时通过设置专项奖励和开展评奖活动，对采纳的提案进行奖励，以此推动整个提案改善活动的进行。

委员会成员一般包括委员会主任、副主任、干事各一名，组员 4 名，部门负责人若干。委员会主任主要负责整个活动的统筹规划，包括资源申请、奖金分配、评审规则制定等事务。委员会主任要做到公正公开，只要是被采纳的提案，都应同意发放奖励，让所有参与者都受到公平对待。委员会副主任负责具体事务的推进与沟通，例如评审会议筹划、各部门资源协调、奖金发放审核、规章制度审核等事务。委员会干事是委员会与员工沟通的桥梁，负责将副主任布置的任务下发给各部门，收集员工的提案并跟踪改善效果；对于确认有效的提案，委员会干事需要归档存档，将来可用作新入职员工的岗前培训资料。

委员会组员最主要的工作是评审，员工上交提案后，委员会组员需要对提案做出客观公正的评分。委员会组员是接触提案最多的人员，除了要做出公平的评审外，也要多思考，争取从众多提案中总结出更好的改善方法。部门负责人是直接对接员工的成员，也是委员会的一分子，主要对部门内提案进行审核，组织员工进行提案改善并跟踪改善的效果。

如果企业内的部门或提案过多，为提高改善效率，委员会进行评审时无须委员会所有人员在场，只需委员会人数超过 1/2 即可成立临时评审小组。此时临时评审小组可代表委员会对提案进行评审。

2.8.2　制订提案改善管理控制程序

提案改善涉及类别广泛，有管理体制类、品质改善类、成本降低类、工艺技术类、6S 类等，但其核心在于对员工司空见惯的事情以创造性方式加以改善。为了更好地激励员工进行提案改善，企业需要制订提案改善管理控制程序，让员工知道如何改善以及改善后能得到怎样的奖励。

以下为提案改善管理控制程序的具体内容。

（1）发现不足，提出改善建议并征得管理者同意。员工在工作中会发现许多不安全、不节省的问题，为了提高工作效率，员工往往会创造出更好的方法或工具来应对这些问题。在确保安全合规的情况下，员工可以向部门负责人直接汇报这些方法或工具。

（2）评估改善预算与实施计划，填写提案。部门负责人引导员工将其改善的想法以提案方式整理出来，并附加预算与具体的实施计划。

（3）部门负责人评估提案。部门负责人根据所在部门的工作性质和现状，评估提案的可行性；对重复和无法实现的提案不予采纳，采纳的提案需要提交至委员会干事处建立台账备案。

（4）进行初步评审。委员会对部门负责人上交的提案进行初步审核，评估改善所需资源与效果。对提案考虑不全面的地方，委员会可进行补充说明。

（5）实施改善并记录问题点与处理措施。提案具体实施过程中如出现问题，部门负责人需及时记录、对于能解决的问题，需将处理措施一并记录；对于不能解决的问题，上报给委员会共同讨论。

（6）确认改善成果并将改善成果标准化。改善成果分为无形成果和有形成果。无形成果需要明确范围，例如改善环境污染、提高劳动力素质、增强员工节约意识等；有形成果应可以进行量化，将节省的费用计算出来，以供对比。对确认有效且需长期推行的改善成果，委员会应制定标准化流程，将成果标准化，让员工都使用新的方法。

（7）提案评审打分、发放奖金。委员会召开会议对提案进行评审，根据其创新度、可实施性、实施效果、可推广性等进行打分，并根据分数发放奖金。

（8）提案推广。提案标准化后需积极推广，让改善成果最大限度地为企业所用，从而促进企业软实力或硬实力的发展。

企业通过上述程序，能使所有员工更加清晰提案改善的流程，进而提高员工改善的积极性，使提案更好地在企业内推广。

2.8.3　规范提案改善未来一年的工作计划

为保障提案改善工作得到贯彻执行，明确工作目标、数量、程度等内容，委员会需要规范提案改善未来一年的工作计划。

提案改善年度工作的主要内容是组织改善提案评审、奖金发放、"改善标兵"评选、改善提案班组交流活动开展、改善提案培训会开展等。委员会根据以上内容来确定开展工作的时间、人员、资源、方法等，确保工作计划的顺利执行。

年度工作计划导入初期和中期，是提案涌现频率最高的时候，也是提案改善的关键时期。此时，委员会要做到尽快策划、尽快评审、尽快奖励。例如生产服务部有 15 名员工，初期针对中控室的提案改善指标数量为 10 个，指标完成后，委员会应对部门或员工进行奖励；到了中后期，结合实际情况，指标数量降为 8 个。有了目标后，员工会更积极地发现工作中的问题，寻找改善方案。

提案改善工作针对的指标项目有年度人均提案、月度人均提案、部门参与率、平均单项改善成果、班组内实施项目数比例、实施率、改善提案有效率、改善提案准确率等。针对以上指标，委员会应设计年度工作计划。例如 2020 年，某企业年度人均改善提案需要大于等于 3.5 条，实际完成情况是 4.5 条，那么指标完成率接近 129%，即超额完成。企业通过对比指标完成率，可以分析提案改善各个维度的完成情况与改善效果。

凡事预则立，不预则废。规范的工作计划和标准化流程可以为员工改善提供方向和方法，有效提高提案改善的效率。

2.8.4　建立提案改善数据库

为收录整理所有提案，让员工方便快捷地查找有关提案，委员会应负责建立提案改善数据库。

数据库收录的提案的范围不限，只要能够比现状更进一步，哪怕是只能节约一分钱，缩短一秒钟的作业时间，提案都有入库的意义。因为再小的浪费放大到整个企业都是具大的，再小的改善通过一步步的积累，也能推动整个企业的发展。例如某车间提出的硅胶成本节减改善提案，通过使用专用工具，将硅胶挤得更干净，每年为企业节省超 20 万元。

提案改善数据库对企业具有重要意义，它是企业在发展过程中积累下来的宝贵财富。通过运行数据库，企业可借鉴以往的经验教训，吸取有价值的信息，改变作业环境、减轻劳动强度、提高生产效率、提升产品品质、降低制造成本、提升企业的竞争力。

为方便提案入库，企业应使用统一的改善提案表。通过改善提案表，员工可以直接看到改善项目现状、改善建议及效果预测、改善资金预算及实施方案建议等内容，便于直接学习使用。例如企业需要改善车间现场工作环境时，可以检索 6S 类或生产环境改善类的提案，借鉴以往的改善经验或方向，提出有效可行的改善方案。

2.8.5　提案改善工作开展及成果评比

提案改善工作的开展离不开提案人、部门负责人与其他委员会成员的密切配合。提案人按照要求填写改善提案表，部门负责人对提案进行初步审核，审核通过的提案交由委员会进行评审与资源支持。接着，部门负责人根据提案内容组织内部实施改善，提案人应当参与提案的实施并跟踪效果和进度。提案实施确保有效后，由部门负责人进行初步评审；评审合格后，再申报委员会现场评审。现场评审时不一定要委员会成员都在场，有 1/2 以上成员在场即可成立临时评审小组。临时评审小组根据评审基准表对提案进行评价打分，并根据分数定时发放奖金。

所有通过验收的提案都应该由委员会干事专人专区专柜保存，除了改善提案表外，所有改善过程中的资料也应该一并整理存放，将来可用作新入职员工的岗前培训资料。

　　为形成良好的改善氛围，开发每位员工的思维潜力，企业也可以在整个公司或者部门内进行改善成果评比。对提出解决了重大问题或热点、难点问题且收效明显的提案的员工，企业应给予表彰，也可根据评审基准表的得分设立不同等级，评选出"改善标兵"。例如评分 100 分及以上的为特等奖，评为"改善标兵"，奖励 2 000 元；评分 95~99 分的为一等奖，奖励 1 500 元，以此来激励所有员工积极参与提案改善，为促进企业竞争力的提升贡献自己的力量。

第 3 章

目视管理

　　企业之间的竞争日益激烈，高效管理是每家企业共同追求的目标。通过更快地传递信息、更直观地解决问题，企业将得以高效运转。目视管理是企业实现高效管理的途径，企业想要提高现场管理效率，实行目视管理势在必行。

3.1 目视管理概述

在日常生活中，我们是通过视觉、嗅觉、听觉、触觉、味觉来感知事物的，即常说的"五感"。据统计，"五感"中视觉所感知的信息达到总信息量的 60%。视觉提供的形象更直观，传递信息效率高，因此被广泛地运用到企业现场管理中。

3.1.1 目视管理的含义、内容与原则

目视管理是对企业内各生产要素以视觉化方式进行统一管理，基本涵盖了所有看得见摸得着的物品。现场管理者通过定位、画线、挂标志牌等方式，使产品布局达到公开化与标准化。例如，进入厂区后，常常可以看到 A 栋、B 栋的标识，还有厂区路上的人行道，这就是目视管理的重要内容。

企业对现场的各种生产要素都应进行目视管理，如发货状况、生产作业进度、主要故障处理程序等，方便员工按照既定规则进行操作，降低管理层本。

1. 目视管理的含义

目视管理是指利用直观的视觉感知信息来管理生产活动，视觉感知信息主要包括直观形象和适宜色彩。目视管理意在将管理者的要求以视觉信号表达出来，以便员工一目了然地感知现场的正常和异常状态，提高劳动生产率，并以此让员工进行自我管理和控制。目视管理是以公开视觉显示特征为主的管理方式，也被称为"一目了然的管理"。

2. 目视管理的内容

目视管理贯彻整个生产系统的全过程，涉及人、物、料、法、环等多个生产要素。为保证生产系统的连贯性、完整性，根据生产组织的管理内容不同，企业在具体实施时应有所侧重。

（1）标准公开化。凡是涉及现场员工操作应直接遵守的规章制度，如操作流程、时间、技术手段、限制参数等内容，必须标准化并公示；与现场员工有关的事务必须有明确的操作流程和专门负责人，并且员工所负责的区域需始终保持整齐和洁净。

（2）进度图表化。现场员工应清晰了解工作任务和执行进度，进行"看得见的管理"。图表作为一种直观展现进度的方式，加以按期发布，可使集体和个人随时了解各自的任务。

（3）信息标准化。标志线、标志牌和标志色都应有严格的使用标准，显示的视觉信息必须标准明确。为确保判断结果不会因人而异，使用的标准色必须统一，且不得随意涂抹更改。

（4）使用方便化。企业为确保每道工序按需生产、杜绝过量生产，在生产环节与工种之间应制定简单方便的视觉信号，以便当后道工序不需要供应在制品时，前道工序的操作员工看到信号即可及时停止投入。例如在车间设备上安装红色信号灯，当操作员工看到信号灯亮起时，需先排除故障才可继续生产。

（5）数量标准化。企业对现场物品的码放和运送均应实行视觉标准化流程，按照标准数量进行盛装，做到一目了然。这样不仅可以减少来回搬运的时间，还方便接收点数。

（6）着装统一化与挂牌激励。现场人员的着装不仅起到劳保作用，还能从视觉上显示不同部门、工种、职务的区别，体现企业的正规化、标准化。另外，着装统一也具有一定的心理作用，它会使人产生归属感和责任心。

挂牌激励包括单位评比挂牌和个人佩戴标志。单位评比挂牌荣誉的视觉化，有利于各部门形成良性竞争。个人佩戴标志的视觉化，如胸章、胸标等，能体现个人能力和资历，催使员工进取，优化员工工作态度。

（7）色彩标准化。不同颜色对人产生的心理和生理影响不同，因此企业可以利用不同颜色产生的不同视觉效果，协助员工更加清楚地辨别信息。例如，生理方面，亮度过强的颜色容易使人眼睛疲劳，在目视管理中应尽量避免。心理方面，夏季工衣多以蓝色为主，蓝色让人联想到水，有清凉的感觉，在目视管理中应予以利用。色彩运用得当，有利于避免差错、提高功效。

3. 目视管理的原则

目视原理讲究实用，是为了真正做到让"管理看得见"。目视管理的执行必须符合视觉化、透明化、界限化三大原则，如图 3-1 所示。

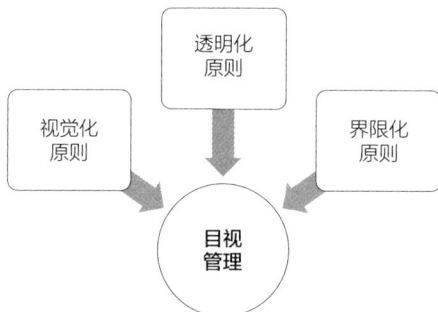

图 3-1　目视管理三大原则

（1）视觉化原则。现场管理所使用的视觉感知信息必须形象直观，色彩适宜。作为现场管理手段，目视管理要能帮助员工迅速做出判断，同时判断结果不会因人而异。

（2）透明化原则。使用目视管理后，员工能随时掌握各项生产要素执行情况，包括管理过程中暴露出来的异常情况。

（3）界限化原则。标识定量应有严格界限，员工通过此界限就可判断现场是否处于异常情况。

3.1.2　目视管理的实施

目视管理应按实际生产进行，讲究实用实效，不搞形式主义。因此，做好计划要求，才能让目视管理在实际运用中发挥效力。目视管理的实施需要经过四大步骤，如图 3-2 所示。

收集资料　➡　制订计划　➡　申请资源　➡　实施计划

图 3-2　目视管理的实施步骤

1.　收集资料

为使目视管理顺利实施，企业有必要先学习行业竞争对手的成功案例，并将这些案例作为指导，结合自身的行业性质与生产现状进行诊断与分析。

2.　制订计划

初步确定目视管理计划并提交企业高层研讨，预测可能出现的情况，分析计划可行性并进行现场评估，从企业实际出发修改计划并制订实施明细。

3.　申请资源

现场改善团队根据目视管理计划实施明细，申请对应的人员、经费等，并重点考虑如何高效运用所申请的资源。

4.　实施计划

现场改善团队实施推行确定的计划，企业相关领导需全程监督。现场改善团队在实施前应做好目视管理宣传，对实施过程中出现的问题及时解决。

目视管理在实施过程中，也有一些注意事项。首先应区分现场需要和不需要的物品，坚决清理不需要的物品。清理各类物品后制作现场标识，包括作业路径、操作顺序、方法等。企业在实施过程中需要注意以下事项。

（1）按需进行。根据生产现状，讲究实际效果，不能全盘照搬别人的经验。

（2）统一标准。色彩、符号等应标准化，不搞形式主义。

（3）简单鲜明。确保现场的浪费、异常情况一目了然，现场标识位置放置适宜、显示清晰。

（4）严格执行。所有人员必须严格遵守相关规定，奖罚分明，不流于形式。

3.1.3　目视管理的分类

目视管理主要分为七大类，如图 3-3 所示。

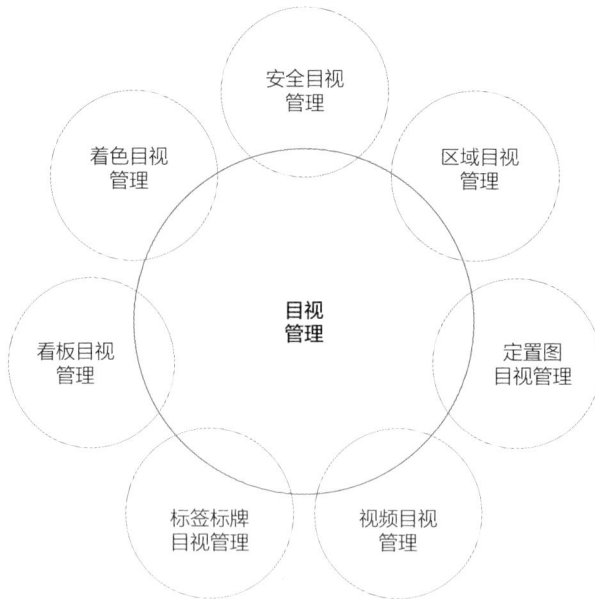

图 3-3　目视管理的分类

（1）安全目视管理。安全目视管理是将可能发生的危险情况以视觉信号的方式暴露出来，强化全体员工的安全意识。常见的禁止烟火、禁止通行等标识都属于此类。

（2）区域目视管理。区域目视管理是通过简单清楚的区域指示标识指明区域的位置，以提高供应商、企业员工、物流车辆等的通行效率。如车间名称牌、工段名称牌等。

（3）定置图目视管理。定置图目视管理是通过为企业内部所有生产要素制定区域识别图，来方便信息传递、物料码放、物流运输，并保持现场整洁，提高工作效率。常见的有办公用品定置图、工具箱定置图等。

（4）视频目视管理。视频目视管理是指通过视频暴露现场信息，让现场员工随时掌握进度或异常情况。如车间常见的电子板。

（5）标签标牌目视管理。标签标牌目视管理是为了对物料、设备、工具等进行有效管理，对其所处状态和控制要求进行标签化管理，以提高员工操作效率，减少错误发生的概率。常见的有物料类别标牌、设备按钮标签等。

（6）看板目视管理。看板目视管理是为了杜绝现场管理的漏洞，传递现场的生产信息，保证作业秩序，以看板的形式展示现场信息。日常的管理告示板和人员动态标识等都属于此类。

（7）着色目视管理。着色目视管理是指以标准统一的颜色管理各定置区域。比如通过对名称、数量、操作方式、注意事项、安全要素等的着色方式，以方便操作员工掌握各要素的信息和状态。如不同颜色的管道代表不同的液体或气体。

3.1.4　目视管理的注意事项

目视管理是"一目了然的管理"，目视管理需要所有人共同遵守，实施时要做到客观公正，否则目视管理将失去价值。目视管理在执行过程中的注意事项如图 3-4 所示。

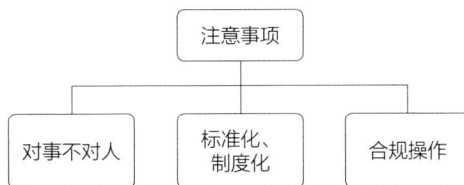

图 3-4　目视管理的注意事项

（1）对事不对人。企业实行目视管理需特别强调客观、公正、透明，当出现违反规定的情形时，要协助当事人改正，不可过度批评；当有员工提出良好建议时，在采纳见效后应予员工相应奖励，做到奖惩分明、上下一心。

（2）标准化、制度化。目视管理标准化、制度化有利于减少认知成本，提高工作效率。标准化是团队执行的保障，确保每个人都按着这个标准去规范自己的目视化工作。制度化是现场改善的基石，制度可以让目视管理有章可循、有据可查，可以让企业上下自发遵守相关规则，从而实现自我控制、自我管理。

（3）合规操作。目视管理的宣传面较广，可能需要在指定场所进行宣传告示。在张贴标识的时候，要保证人员安全，不可随意张贴。进行高处作业的目视管理时，需要确保标识牢固，防止松落，确保人员安全。

3.2　目视设计

目视管理能给企业现场改善带来巨大的好处，能让员工通过眼睛就可以判断现场的运行情况，实现自主管理。

目视管理需要从直观角度对现场进行优化改造，使信息传递变得高效。因此目视设计应为现场的目视管理而服务。

3.2.1　现场目视硬件设计

现场目视硬件设计是目视管理的保障，其设计水平直接关系着目视管理的标准化与制度化成果。现场目视硬件设计首先要明确目视管理的目的、执行目标、执行时间等，并需要切实结合企业发展现状。设计者必须清楚，在实际操作中，目视管理主要是通过一目了然的展示引导员工行动，达到管理目的的。

现场目视硬件设计主要包括综合办公楼目视化设计、厂区目视化设计、工业管道目视化设计、三级看板目视化设计等内容，如图 3-5 所示。

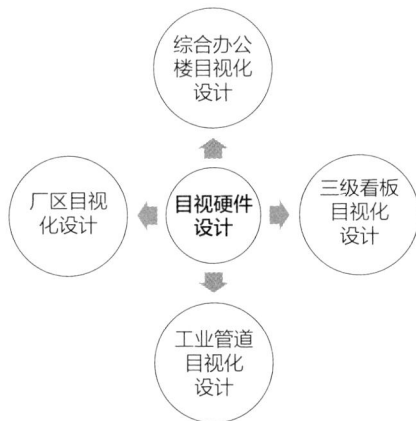

图 3-5　现场目视硬件设计的内容

（1）综合办公楼目视化设计。其主要指办公楼标牌、透明玻璃门警示、企业管理看板、人员去向牌、企业文化墙、房间导视牌等与企业办公区域硬件相关的目视化元素设计，方便所有人了解所处位置或营造的企业文化氛围等。

例如，办公楼标牌可以明确大楼功能，方便外来人员快速识别。企业文化墙可以宣传企业产品，树立企业形象。

（2）厂区目视化设计。其主要包括区域导视牌、温馨提示牌、管理公示牌、值班看板、座位牌、门卫管理制度、疏散指示、警示牌等在厂区内起到导视作用的硬件设施设计。

（3）工业管道目视化设计。其主要指用于明确展示管道介质名称及流向，方便检查识别的相关硬件。例如不同的管道介质应直接标明名称或者喷涂不同的颜色。

（4）三级看板目视化设计。其主要指用于对信息管理看板进行合理视觉分配，提高信息管理看板识别度与整洁度，明确关键设备的点检技术参数，使管理状态可见的相关硬件。常见的有关键设备点检目视化看板，主要显示设备巡检路线、设备巡检主要参数、巡检信息公示等。

3.2.2 现场目视硬件评审

企业的现场目视硬件评审应公开、公正，不能任由各个部门各行其是，而应成立统一的评审小组，协调各部门有组织有计划地展开评审工作。

现场目视硬件能否推行成功，关键在于评审小组的组织与指导是否得力。评审小组需要引入不同部门、不同岗位、不同工种的员工共同参与。当评审小组有了充分广泛的成员来源，在进行现场目视硬件评审时，就能更方便地判明哪些项目必须改善和调整，并能杜绝照搬照抄、脱离实际等情形。

评审小组需要确定评审依据和范围，形成符合实际且可操作的评审标准，并制定奖惩条例和确认宣传事宜。在确定评审标准的过程中，所有评审小组成员需要共同表决，意见统一则列入初稿，意见不统一则重新讨论；初稿最后交由上级管理层协商确定。

现场目视硬件实施时，评审小组需要进行现场巡回、指导及评审。整个现场目视硬件实施完毕后，评审小组需进行成果发表，并针对目视管理的内容、目的和意义进行宣传教育，充分调动员工积极性，使目视管理深入人心。

目视管理是一项长期工作。企业在实施目视管理的过程中，想要做到持之以恒，一方面需要加大宣传力度，让员工自觉遵守、自我管理；另一方面需要建立严格的奖惩制度，定期检查，常抓不懈。

3.2.3 现场目视硬件制作与实施

现场目视硬件是目视管理和改善的工具，如果照搬照抄其他企业的做法，容易出现不符合企业生产现状的情况，最终可能会变成管理者单方面的形式工程。

1. 现场目视硬件制作

制作现场目视硬件，需要严格根据实践建立标准，制作时需要注意以下几点。

（1）布局的安排。对管理要点进行表示时，必须决定使用文字、图表、图纸、表格还是指示灯。选择过程应严格遵守目视管理视觉化、透明化、界限化的原则，要考虑以下几个方面。

①管理项目的数量。例如公示企业环境治理现状时，可以使用环保看板，上面显示企业公示信息、环保监测报告、排放公示信息。由于管理项目事项较多，环保看板应一目了然地展示主要排放参数，使管理成果可见。

②进度展示，主要包括已完成和未完成内容的对比。

③数值、图表的使用以简单直观为准。

④为使管理标准化，尽量避免需要大量书写的内容。

（2）目视硬件的选择。目视硬件的选择要基于现场进行综合考虑，体现出主动性和有意识性。例如设备运转情况是否正常可以通过指示灯显示，一旦指示灯亮起，操作员工就能马上得知设备故障的信息。进行目视硬件设计时，必须制定硬件标准书，并且对如何实施进行具体说明。

（3）目视硬件的规格。为做到直观显示信息形象，企业需对现场项目管理进行综合考虑。例如，进行看板设计时应考虑文字的大小和排列，工业罐体上需要喷涂罐体名字和化学介质方程式等内容。

（4）目视硬件的放置场所。针对目视管理的基础工具，企业需根据现场实际情况考虑放置问题，常见的放置方式有以下 3 种。

①利用墙壁悬挂或张贴。

②从顶棚或横梁垂吊下来。

③利用地面放置并加以标识。

为使目视硬件实施更加标准化，评审小组需要进行监督。评审小组成员构成的多元性，能使得评审标准直接代表企业不同工种、不同部门、不同岗位的执行准则。

2. 现场目视硬件实施

目视硬件实施过程主要分为 4 步，分别是舆论宣导、教育推进、严格执行、定期检查，如图 3-6 所示。

| 舆论宣导 | ➡ | 教育推进 | ➡ | 严格执行 | ➡ | 定期检查 |

图 3-6　现场目视硬件实施的 4 个步骤

（1）舆论宣导。该步骤通过标语、口号、报道、宣传画等形式宣传目视管理及现场目视硬件的重要性，能迅速快捷地传递信息，能形象直观地让潜在的问题和浪费现象显现出来。

（2）教育推进。该步骤主要为了推进目视管理的实施，通过目视硬件管理手册、示例，让大家更好地遵守目视管理规定。

（3）严格执行。严格执行即在已有的教育基础上正式执行。该步骤需要所有人严格遵守，违反了管理规定要严肃对待和处置，不可流于表面，从而树立目视管理的权威性。

（4）定期检查。定期检查除了需要检查目视管理硬件的基本情况，还应检查执行情况，切实保障目视管理的长久执行。

3.2.4　现场目视硬件维护管理优化

现场目视硬件维护管理是指企业对目视硬件的日常维护和故障维护。日常维护主要指防水、防尘、防污等，按期对各硬件进行例行检查。故障维护则是指当目视硬件损坏时，企业通过更换保证现场目视硬件能直观快速地传递信息。现场目视硬件维护管理体现了企业对目视管理的重视，有利于全体员工上下一心，严格遵守相应管理制度。

同时，伴随着企业的发展，目视硬件的使用也需要结合企业内外部情况进行优化、更新或扩大应用范围，使目视管理更加符合企业发展现状。

现场目视硬件维护管理优化能有效减少或避免目视硬件出现异常情况，针对一些老旧而目前尚能正常运行，但可能要发生变化的硬件进行维护或更换，以适应可能发生的改变。例如，企业由于业务扩张而新购入设备，原有的操作流程看板和故障灯已不能完全适应现场情况，此时就需要对目视硬件进行更换或优化。

企业内部也应鼓励员工提出目视硬件的优化建议，例如对员工合理化建议的展示，对优秀事迹的先进表彰，从而对其他员工起到激励作用，也对现场目视硬件维护管理优化起到推动作用。

3.2.5　现场标识标准库建立

为加强目视管理的规范程度，企业应建立现场标识标准库，在安装和使用目视硬件时应全部以现场标识标准库为准。

现场标识标准库主要包括现场标识安装的区域、编号、字号、颜色、规格、安装位置等参数。企业采用统一标准有利于员工做出判断，无须重复记忆和识别。即使新增同一类别的硬件，员工也无须重新认识即可一眼判断结果，这样能大大提高执行效率与信息传递速度。

例如在工业管道目视化设计中，工业罐体喷涂的执行标准如下。

（1）尺寸。单个字体净高 40 厘米。

（2）位置。喷涂于对应罐体（罐体靠通道的一侧或醒目位置）正中间。

（3）数量。根据现场化学介质种类而定，一种化学介质一个模板。

（4）内容。各罐体名字、化学介质方程式。

（5）材质。软性材质镂空喷涂。

通过制定细致具体的标准，企业新增罐体而需要制作和应用目视硬件时，就无须重新进行调研，只需严格按照标准进行复制即可。

现场标识标准库有利于推行目视管理，避免搞形式主义。通过推行现场目视硬件制作的标准化，企业能消除五花八门的杂乱现象，使各种显示信号简单易懂、一目了然。同时，现场标识标准库的建立也有利于企业减少浪费，讲究实效。

大型企业需要针对不同的目视硬件、不同的区域建立现场目视硬件标准，因而对现场标识标准库的需求非常大、依赖非常强。大型企业应考虑建立标准库检索和查询系统，以便快速查找标准的标识信息，这将极大地提高现场标识制作效率。

企业建立现场标识标准库还需遵循以下原则，如图 3-7 所示。

图 3-7　现场标识标准库建立原则

建立现场标识标准库，企业必须优先采用国家、行业标准，同时充分考虑企业实际需要，控制成本、减少浪费，适时复审、更新，从全局出发，考虑企业的综合效益。

3.3　VIP 通道

为树立企业良好形象，使参观客户快速了解企业文化、发展历程及整体形象，搭建全员信息共享的平台，营造良好的管理氛围，同时促进现场工作规范开展，企业经常会开设 VIP 通道（即贵宾访问通道）。

3.3.1　VIP 通道规划

一个规划得当的 VIP 通道，能使客户参观、访问企业的过程变得全面流畅，深入促进客户对企业的了解，增强客户合作的信心。因此，VIP 通道规划应集全员信息于一体，参考企业高层、销售部门、生产部门等多个部门的意见。VIP 通道规划步骤如图 3-8 所示。

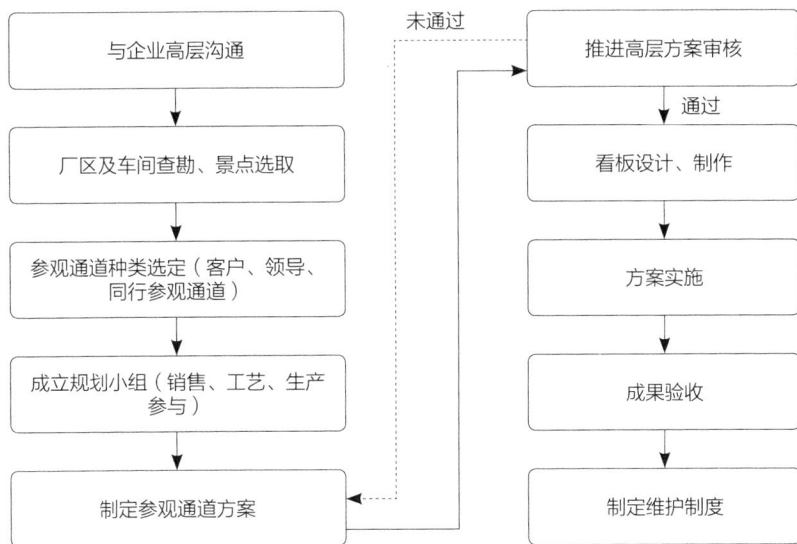

图 3-8　VIP 通道规划步骤

（1）与企业高层沟通。规划者向企业高层提出开设 VIP 通道的建议，强调 VIP 通道的作用，供企业高层做决策时参考，或经过沟通取得上级领导的认可后自行决策。

（2）厂区及车间查勘、景点选取。规划者规划 VIP 通道的各个参观节点，实地查勘厂区、车间、景点等位置，形成立体直观的参观路线，以提供文字、图纸、照片等资料无法或难以反映的细节。

（3）参观通道种类选定（客户、领导、同行参观通道）。规划者结合企业实际情况，确定 VIP 通道主要是接待哪部分人群，是客户、领导还是同行。面对不同接待人群设计的参观路线应有所不同，从而体现企业管理的专业性。

（4）成立规划小组（销售、工艺、生产参与）。参观路线涉及多个部门，所以需成立规划小组，搜集各部门资料，保证所得信息的正确性与充分性。

（5）制定参观通道方案。规划者集合企业高层及各部门想法，根据 VIP 通道设立意图、想法与要求，制定参观通道方案。

（6）推进高层方案审核。为避免参观通道方案的片面性，方案制定后应交由企业高层审核；若审核不通过，规划者则应厘清不通过的原因或找出问题，重新制定方案。

（7）看板设计、制作。看板的设计和制作应有利于传递信息、统一认识、明确状况、推进工作。

（8）方案实施。通过程序化实施，一步步推进参观通道方案，体现企业管理的标准化、科学化。

（9）成果验收。现场改善团队应对 VIP 通道及周边的情况进行实地查勘，检查其是否符合 VIP 通道设置原则。

（10）制定维护制度。维护制度能保证 VIP 通道的长久性，并且能使 VIP 通道始终保持良好的状态。在制定维护制度时，应结合各硬件、路线等做具体分析，制定出合理的维护制度。

3.3.2　VIP 通道方案评审

为使 VIP 通道方案更加合理，最大限度体现企业良好的形象，企业需要成立评审小组。

评审小组由企业不同部门的人员组成，能最大限度将 VIP 通道中的企业信息准确传达给参观者。评审内容包括以下几点。

（1）VIP 通道种类。确定 VIP 通道具体是适用于领导、客户还是同行。

（2）VIP 通道参观路线。路线需体现全面精要、不重复行走、从会议室或会客室开始的原则。

（3）VIP 通道规划内容。VIP 通道用于对外展示企业信息，其规划内容如图 3-9 所示。

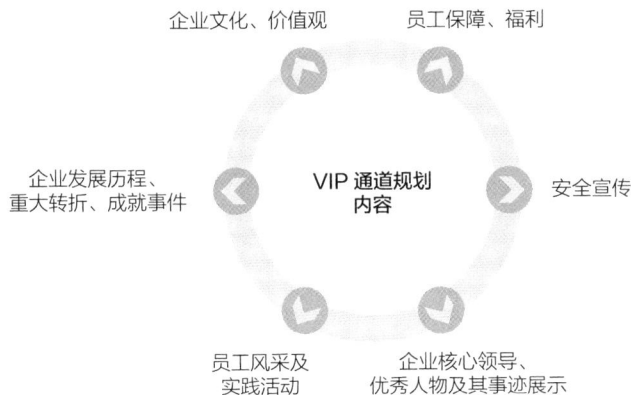

图 3-9　VIP 通道规划内容

（4）VIP 通道硬件。现场改善团队应及时确定硬件数量、规格及安置位置。例如意向客户参观企业时更重视企业产品，此时在 VIP 通道上，企业产品看板的数量应增多，并且要放在更显眼位置。

3.3.3　VIP 通道硬件准备

VIP 通道硬件指的是 VIP 通道周边所有的物品。看板作为企业向客户展示良好形象的媒介，应做到版面整洁、主题突出、态度积极、布局合理，让客户一眼望去就能充分了解企业信息，对与企业合作充满信心。

为 VIP 通道准备看板时，应注意悬挂高度适中、版面大小合适，方便客户站着也能清楚阅览全部内容。看板内容主要以企业发展历程、重大成就、员工风采、企业文化、合作伙伴、企业管理实践活动等为主，确保及时更新，让客户感受到企业在管理上的积极性。

在形式上，看板内容不一定要以文字为主，图文并茂更能吸引人的注意力，同时也能更深入地介绍企业。看板上丰富的企业活动照片、成就照片可以充分直观地彰显企业实力，赢取客户信任。

VIP 通道上应悬挂或张贴好参观通道规划图，方便客户轻松走完整个通道，并且各个位置都需要有明显的路线标识，这样不仅能让客户感受到企业的用心，还有利于营造企业良好的管理氛围。

VIP 通道硬件代表着企业的管理水平，因此不管是看板、灯光板，甚至是地板、墙壁等，都必须保持干净整洁，给客户留下好的印象。

3.3.4　VIP 通道建设实施

VIP 通道是企业形象层面的工程，评审小组需要科学落实 VIP 通道的建设与监督，不要一时兴起，造成实施计划不足，使 VIP 通道管理混乱。

VIP 通道建设实施离不开全体领导与员工的配合。领导需要明确管理职能，划分好各个板块负责区域，并以身作则。例如对看板的内容进行审核，对布局、版式、内容等进行要求，展示出企业在管理上的专业性。

员工则应切实保障所负责区域看板和其他硬件的完好，并保证其干净整洁。企业应规定 VIP 通道需时刻保持畅通，不可随意堆放杂物，不可随意停车等；若出现以上现象，需及时通知整改并进行惩罚。

在 VIP 通道建设实施过程中，企业应强化对员工的宣传、动员、监督，鼓励员工给出提议，对不足的地方加以调整，营造良好的 VIP 通道管理氛围。在VIP 通道建设实施过程中，各单位或部门都有不同的职责和目标，需要互相帮助，共同为企业形象的塑造出一份力。出现冲突如某部门觉得参观路线不合理或者对自己部门的日常工作造成影响时，相关单位或部门可以上报评审小组进行协调，以保障 VIP 通道建设的顺利实施。

3.3.5　VIP 通道日常维护管理优化

VIP 通道日常维护，即对企业 VIP 通道的周边设施、相关宣传看板、宣传内容进行定时检查与更新。VIP 通道日常维护管理优化具有以下作用。

（1）及时将企业最新信息传达给参观者。

（2）为参观者营造一个良好的参观环境。

（3）树立良好的企业形象。

（4）促进现场各项工作规范开展。

（5）营造良好的企业管理氛围。

VIP 通道往往涉及多个区域、部分，所以评审小组需要对 VIP 通道及周边情况进行检查与问题整改跟进，并规定检查频率。各区域实行责任制，所在区域安全、卫生等问题均由责任人负责。责任人要确保 VIP 通道整洁卫生，周边安全隐患能得到迅速处理。

对于 VIP 通道周边看板的更新及维护，企业应实施板块责任制，看板的发布内容和发布频率由所在区域负责人或企业分管领导决定。看板作为 VIP 通道的主要内容展示媒介，负责人需要保证看板布局合理、美观大方、干净整洁。

企业对违反相关规定的部门或员工，应责令其立即整改并且按照规定进行惩罚；对于提出改进意见并获得采纳的部门或员工，应公开表扬并进行奖赏。企业奖罚分明，有利于强化员工责任感，进而使企业管理往更好的方向发展。

3.4 看板管理

看板管理可以将企业的各个部门、系统、环节巧妙连接，并以直观的方式传递信息，使每一次合作、每一道工序都能自发完成，有效减少管理成本。当企业发展壮大、员工变得越来越多时，分工的不同会导致信息传递不及时，看板管理在这种情况下将发挥重要作用。

3.4.1 看板方案设计与评审

一个能快速准确传递信息的看板系统，要做到布局合理、版式整洁、内容突出、态度积极。企业在进行看板方案设计时，需要注意相关原则，如图 3-10 所示。

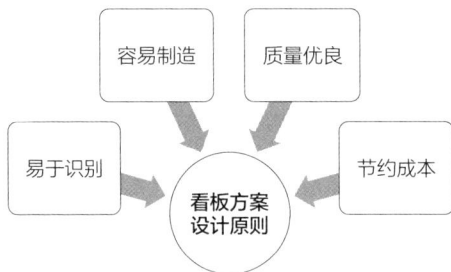

图 3-10　看板方案设计原则

（1）易于识别。企业实施看板管理的目的是将重要信息准确高效地显示出来，确保每个人都容易接收到信息，并且收到的信息一致，这样有利于实现高效管理，降低管理成本。

（2）容易制造。企业实施目视管理后看板用量会增大，因此在保证质量的同时，看板需要容易制造，这样能满足企业目视管理的硬件需求，有利于目视管理顺利实施。

（3）质量优良。看板在管理过程中使用频率较高，且容易损坏。例如，看板内容经常需要更换，导致看板容易磨损，或者由于看板放置在生产车间，容易接触油污。因此看板质量是看板方案设计的重要因素。

（4）节约成本。在企业管理中，办公室、生产车间等都需要用到看板，并且随着生产活动逐渐密集，需要的看板数量也会增多。为了节约成本，看板需要做到循环使用、高效利用。

看板方案评审以看板内容、识别度、看板质量、成本控制等方面为主。看板内容以工序管理、作业管理、设备管理、质量管理、事务管理为主，需要根据各部门工作性质与现场环境确定，着重评审该看板在现场环境中是否必要，彻底清除那些不必要的。

目视管理作为一目了然的管理，看板的识别度代表着管理的效率。看板应能充分显示现场信息或状态。例如关键设备点检目视化看板，应该用流程图形式直观展示设备巡检路线，用表格形式显示设备巡检主要参数及部位，用图片或文字形式对巡检信息进行公示。另外，看板的张贴或悬挂位置应便于现场员工观看或阅读。

看板的使用频率高，如果看板由于质量不过关而经常更换，就会对现场生产或工作造成影响。因此，企业应对看板质量严格把关，选择坚固耐用的材料和成熟的工艺才能避免上述问题。

面对不同的场合、用途，企业所需看板种类会随着生产活动逐渐增多。成本控制应在保证看板能正常使用的前提下进行，企业不能为了压缩成本而减少必要开支。例如对于符合使用标准的看板，可以循环使用，但对于破旧磨损、影响正常工作使用的看板，应坚决清除。

3.4.2 看板素材准备

看板素材主要包括现场生产、质量、安全、设备管理等活动需要的内容。企业通过看板素材展示，力求使现场问题一目了然，杜绝现场管理中的漏洞。

看板素材主要包括以下几类。

（1）生产计划和进度表。

（2）库存、半成品、成品等物料数量。

（3）现场管理责任区划分、工作性质、检查标准。

（4）设备点检情况、维保记录、清洁情况。

（5）安全管理检查、消防安全知识宣传。

（6）公司文件、公告、先进事迹、员工奖惩等日常事务。

企业看板素材需求量大，统一由某个部门或领导提供并不现实。并且，一些不容易看到的问题，只有实际在现场进行生产活动的人才最了解。因此，在看板素材的准备上，现场员工应大力参与。

3.4.3　看板制作对接与安装

制作看板的材料主要是白板、黑板、KT板、透明胶套或有机玻璃框等。在白板的选择上，可以选择磁性白板，这样既可以用白板笔书写，方便擦除，平时的纸质文件也可以用磁铁吸附在上面，便于清理。黑板既可以买现成的，也可以采用木板、铁皮刷黑色油漆的方式制作。

在看板的内容展示上，可以使用粉笔、马克笔书写或双面胶粘贴的方式，如果需要用KT板应提前编辑打印。

看板在安装时需要注意安装位置，原则上要安装在人流量大、容易阅读观察的地方，如员工出入口或员工休息室；高度要适中，可以让人轻松阅读看板内容；如果看板安装位置光线较暗，需要安装灯来补充照明。另外，看板需要有专人负责，采取"谁使用谁负责"的方式，对看板内容进行定期更新和维护保养，保证看板干净整洁、内容突出。

3.4.4　看板日常维护管理

看板日常维护管理包括两方面，一方面是看板的基本要求，另一方面是管理看板内容。

（1）看板的基本要求，指的是看板日常使用中需要注意的事项，主要有以下几点。

①保持看板整洁、完好。

②实行看板板块责任制，谁使用谁负责。

③看板内容需要由领导审批，并及时更新。

④如因工作需要，看板需要移动时，负责人需提前通知直属上级。使用结束后，看板需恢复原状，不可擅自更改；如有损坏，负责人须照价赔偿。

（2）管理看板内容，指的是与看板展示内容相关的事项，主要有以下几点。

①以生产、质量、安全、设备管理为主题。

②以直观的方式展示信息。

③生产进度与生产计划。

④现场质量情况、质量考核标准。

⑤设备维保情况、清洁情况、运行状况。

⑥安全宣传、消防安全注意事项。

⑦企业公告、通知、文件等。

第4章

线体布局与品管圈课题管理

随着现代企业生产制造模式的发展变化，生产线线体布局成为日渐重要的课题。通过图上作业、布局调整与成果固化，良好的线体布局能有效减少浪费、提高效率。而品管圈课题管理是与实现线体布局目标密切相关的好方法。企业必须重视线体布局，并通过开展品管圈课题管理，使之发挥更大作用。

4.1　线体布局

生产线线体布局，简称线体布局，是指考虑人、机、料的配合，合理设置生产现场各物品的摆放类型。线体布局应在合理利用现场面积的前提下，提高生产效率，确保产品品质。

4.1.1　图上作业

为确保线体品质，提高生产效率，企业在实施线体布局前，应组织专业人员画出生产布局图。然后企业根据图上作业结果，对实际布局进行操控和规范，不断提升实际布局的合理性。

进行线体布局图上作业时，企业应根据现场改善目的，选择正确的线体布局类型。线体布局类型主要包括产品式线体布局、工艺式线体布局和成组式线体布局，如图 4-1 所示。

图 4-1　线体布局类型

（1）产品式线体布局。产品式线体布局是按加工零件的顺序，将所需要的设备布置在一起，形成专门的加工生产线。这种线体布局适用于品种少、产品大的生产类型。

产品式线体布局的优点是工件搬运非常高效，能实现机械化、自动化，降低搬运费用；生产流程连续性好，能有效缩短生产周期；计划管理简单，生产过程受控性强。其缺点在于加工线的灵活度不够，应变能力略差。

（2）工艺式线体布局。工艺式线体布局是指将工艺性质相同的设备布置在一起。例如，将切削机床布局在一起，专门承担金属切削加工任务。

工艺式线体布局的优点是同类设备集中，加工技术单一，分派任务有较大弹性；缺点是工艺差别大，难以使工件搬运自动化，周转环节多，管理工作难度较大。

（3）成组式线体布局。成组式线体布局也称为混合式布局或单元式布局，是指将不同机器设备组成加工中心，对形状和工艺相似的零件进行加工。

成组式线体布局在金属加工、芯片制造、装配作业等生产现场很常见。其优点在于能发挥员工协同作战的能力，让员工形成团队共同完成任务；同时，在一个生产周期内，每位员工只加工有限数量的零件，个人操作重复度较高，有利于员工迅速学习并掌握生产技能。

由于采用生产单元的图上规划，成组式线体布局能够有效减少在制品和物料搬运，减少零件在生产现场的移动浪费；同时由于加工种类减少，对应的模具也减少了，提高了模具更换速度。

4.1.2　布局调整

线体布局调整的原则包括遵守和回避两个方面。其中，需遵守的原则有逆时针排布和出入口一致，需回避的原则有孤岛型布局和鸟笼型布局。

1. 遵守逆时针排布

逆时针排布原则是指在布局调整过程中，可以将目标设定为由一位员工从头至尾完成工作任务。因此，员工在生产线上是开展动态行进的巡回作业。考虑到大多数员工的惯用手是右手，因此将工装工具放置在右侧，并将流水线逆时针排布，这样就能提高操作效率。

2. 遵守出入口一致

出入口一致原则是指将原材料入口和成品出口合并在一起。出入口一致原则能减少空手移动造成的浪费。如果出入口不一致，员工在巡回作业时，每当完成一件成品，就要重新回去取一件原材料，此时员工就需要空手从成品出口走动到原材料入口，造成时间和体力的浪费。如果出入口一致，就能避免类似问题。

出入口一致原则还有利于线体布局的平衡。由于出入口一致，线体布局就会呈现出类似于 U 的形状。这种形状的线体布局保证了工序非常接近，从而为同一员工同时操作多道工序提供了可能。这也能使工序分配更加灵活，线体布局更加平衡。

3. 回避孤岛型布局和鸟笼型布局

孤岛型布局是指生产线被分割成为一个个彼此孤立的工作单元。这种线体布局的问题在于生产单元之间缺乏联系，无法及时提供必要协助。

鸟笼型布局在设计和调整线体布局时，没有充分考虑到物流和人流顺畅的结果。这种线体布局导致机器设备或流水线、工作台将作业员工包围在中间，物流不通畅，在制品增加时单元与单元之间也难以相互协调支援。

4.1.3　成果固化

线体布局优化能促进现场生产效率提高，为将成果固化，现场管理团队需秉持以下原则。

（1）流畅原则。生产线各工序应有机结合，相关联工序始终集中放置。

（2）最短距离原则。尽量减少生产线相关的搬运，流程不可交叉，应直线运行。

（3）平衡原则。工站之间的资源配置应尽量平衡。

（4）固定循环原则。尽量减少诸如搬运传递等容易产生浪费的活动。

（5）经济原则。生产线线体布局需适应最小批量生产情形，尽可能利用空间，减少地面的放置面积。

（6）柔韧性原则。线体布局成果并非是一成不变的，而是应具有充分的应变能力，其线体布局方案应有一定弹性。

（7）防错原则。线体布局成果的基础在于其正确性，必须从硬件布局上预防生产现场发生错误，减少生产损失。

4.2 品管圈课题管理

一条均衡线很高的生产线，既能减少物质、时间和资金的浪费以降低生产成本，也能降低员工疲劳度，避免安全事故。如果没有良好的课题管理方法，就无法达到以上目标。因此，品管圈（quality control circle，QCC）课题管理与现场生产线线体布局工作紧密相关，企业必须予以重视。

4.2.1 课题诊断

QCC 课题管理是指以生产现场的班长为核心，将同一条生产线上的工作人员组织起来，以提高产品品质，降低不良率。

QCC 课题开展前，应利用工具表格进行调研，完成课题诊断。表 4-1 所示为 QCC 课题诊断表格。

表 4-1　QCC 课题诊断表格

QCC 名称		成立日期	
注册登记日期		注册号码	
部门			
联系电话		联络人	
本期活动主题			
辅导员		QCC 经历	是　　　期圈员 是　　　期圈长 是　　　期辅导员
圈长		QCC 经历	是　　　期圈员 是　　　期圈长
圈员资料					
姓名	部门	岗位	性别	圈龄	工作内容
本期活动时间	年　　月　　日—　　年　　月　　日				
每周固定圈会时间		圈会地点			
培训需求					
组圈说明					

本部门意见	
改善管理组意见	
改善委员会意见	

通过 QCC 课题诊断表格，调研者能很好地了解现有线体布局与 QCC 活动的结合程度，以明确新的课题方向。

4.2.2 课题运营

QCC 课题运营应配合目标管理，确保经营目标由企业高层延伸至生产线上的基层操作者，形成全员优化的精益体系。

（1）课题组织。QCC 课题由工作性质类似的同一生产线人员组成，每一课题成员以 6~10 名适宜。每一圈设置圈长一名，负责该 QCC 课题运营。

（2）课题导入。QCC 课题导入前，不同课题组确定 QCC 名称、圈的辅导员、圈长、圈员，并填写 QCC 注册登记表，设计圈徽。

（3）课题流程。QCC 课题应按统一步骤循序渐进地推动，如图 4-2 所示。

权责单位		涉及表单
申请人 / 小组	发现问题	填写问题点清单
申请人 / 小组	填写申请表 ← NO	申请表
部门负责人	初审	申请表
申请人 / 小组	OK 组建小组 (小组已建立)	小组人员名单
小组负责人	制订实施计划	实施计划书
小组负责人	实施	实施计划书
部门负责人	监控实施过程	实施计划书
申请人 / 小组	填写报告书	改善报告书
部门负责人	报告收集	改善报告书

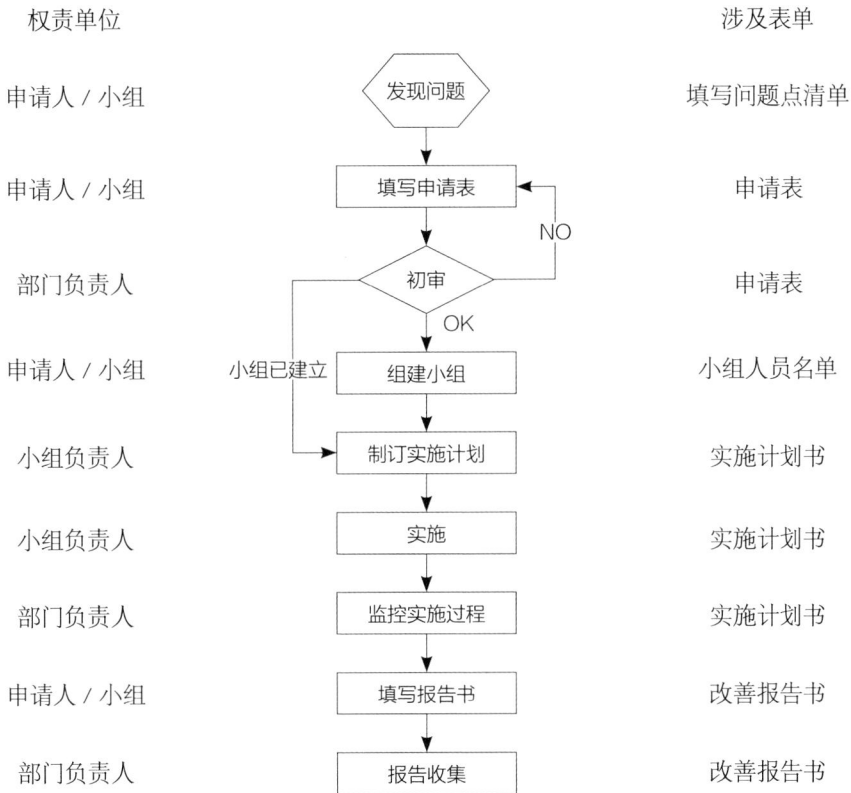

图 4-2 QCC 课题流程

在 QCC 课题实施过程中，圈长、辅导员和改善管理组要监控实施过程。实施完毕，圈长要填写 QCC 课题报告书并交给部门负责人，由部门负责人收集整理。

4.2.3 课题绩效评价

为提升 QCC 课题绩效，企业应积极开展评价工作。评价 QCC 课题绩效的原则包括全面性原则、重要性原则和客观性原则。

（1）全面性原则。全面性原则强调对 QCC 课题绩效评价的范围应更广。其中应包括 QCC 和生产线结合的整体运行，即从 QCC 课题选定一直到活动检讨与改进，也包括生产线活动的工作环境等，应涵盖课题活动的各种事项。

（2）重要性原则。重要性原则强调 QCC 课题绩效评价应突出重点。其重点体现在课题是否坚持了质量管理导向的正确思路，是否坚持突出重点并关注了生产线上的关键控制环节，以及是否提升了重要工具的运用效果。

（3）客观性原则。客观性原则强调 QCC 课题绩效评价工作应能准确揭示生产线现场经营管理的状况，如实反映 QCC 课题活动运行的有效性。为此，课题绩效评价团队应以真实数据资料为主，确保分析评价公平公开。

第 5 章

卓越班组管理

　　卓越班组管理是企业总体精益管理的全息参照对象。企业总体精益规划的落实、现场改善各项管理体系的执行等，无不可在卓越班组管理中加以印证。因此，卓越班组管理是企业执行力的基础来源。

5.1 班组管理的内涵

班组是企业的细胞，是组成企业的最基本单位，作为生产前线的班组，也是企业制订各类制度、规定、条例的落脚点。企业为了对基层班组进行更高效的管理，应围绕优化班组管理的途径与方法进行探讨与思考。

5.1.1 班组与班组管理

班组是为实现企业已经制订好的运营目标，由承担同样性质工作或工作性质互补的员工所组成的团队。班组是企业内最基层的工作和管理组织，也是企业内最小的行政单元。

1. 班组管理的优势

将员工按照班组进行划分，有以下六大优势。

（1）可以提高员工士气。

（2）可以降低生产损耗。

（3）可以提高产品品质。

（4）可以提高生产效率。

（5）可以让员工按时保质保量完成 KPI。

（6）可以有效防止意外事故的发生。

2. 班组管理的方法

企业的班组管理，主要通过班组组长的指挥管理，进而确保企业目标圆满完成。班组组长该如何管理好班组呢？答案主要有两个内容，具体可简化为"八管""三化"，如图 5-1 所示。

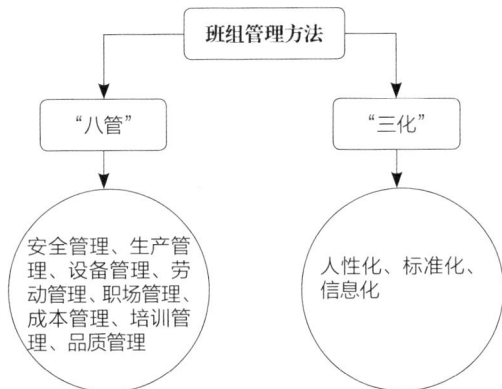

图 5-1　"八管""三化"管理方法

（1）管理内容落实。在班组管理中，班组组长需要落实以下 8 个方面的管理内容。

①安全管理。提高班组成员的安全意识，确保安全生产。

②生产管理。根据上级下达的任务，做好班组每个成员的生产计划，做到均衡生产，并针对工作难点组织攻关会议。

③设备管理。落实设备维修和日常检查制度，确保设备始终处于良好状态。

④劳动管理。合理安排劳力，做好奖惩工作。

⑤职场管理。工作场地的各类生产工具等摆放有序，保持环境整洁。

⑥成本管理。严格控制好成本预算，提高班组的经济效益。

⑦培训管理。落实好班组成员的培训制度，提升成员工作能力与素质。

⑧品质管理。增强品质意识，确保产品品质检查、验收制度的严格性。

（2）管理方法落实。为了落实 8 个方面的管理内容，班组组长需要运用 3 方面的管理方法。

①人性化。尊重组员，理解组员，信任组员，以此激发组员的士气。

②标准化。管理体制形成具体标准，例如晋升制度、奖惩制度等。

③信息化。保证班组管理过程的即时性、结构的虚拟性、系统的共享性，为此必须采取信息化管理方法。信息化管理是加强班组管理的有力保障。

5.1.2　班组基础

没有规矩不成方圆，企业想拥有强大的竞争力，制度必须先行，班组的成长同样如此。完善各项管理标准与制度，是建设优秀班组的关键和基础。为了将班组管理好，企业必须首先制定健全的班组基础规章制度。

班组基础规章制度主要有以下九大内容，如图 5-2 所示。

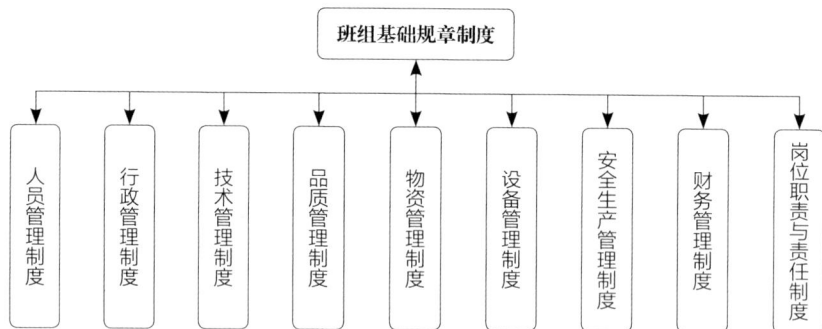

图 5-2　班组基础规章制度内容

（1）人员管理制度。人员管理制度包括人事管理制度、考核制度、奖惩制度和劳动合同制度等。

（2）行政管理制度。行政管理制度包括员工行为守则、例会制度、保密工作制度和后勤服务管理制度等。

（3）技术管理制度。技术管理制度包括生产组织管理制度、生产现场管理制度、工艺技术管理制度、技术档案管理制度等。

（4）品质管理制度。品质管理制度包括投产准备管理制度、工序品质管理制度、产品检验管理制度等。

（5）物资管理制度。物资管理制度包括生产原料入库制度、成品入库和出货管理制度、物资发放管理制度、库存管理制度、不合格物资退库管理制度等。

（6）设备管理制度。设备管理制度包括设备的计划管理制度、设备的使用管理制度、设备的维护管理制度等。

（7）安全生产管理制度。安全生产管理制度包括安全生产教育制度、安全生产检查制度等。

（8）财务管理制度。财务管理制度包括财务机构管理制度、会计电算化管理制度、仓库管理制度等。

（9）岗位职责与责任制度。岗位职责与责任制度能明确每个岗位的职责与责任，例如班组组长所承担的责任与职责，组员所承担的责任与职责。

5.1.3　班组团队建设

班组团队建设是企业建设的重要内容。建设一批敢于创新、积极奋斗的班组团队，对企业而言是举足轻重的。企业要想获得更好的发展，就应不断改善和加强班组团队建设，增强内部凝聚力，形成良好文化氛围，通过班组团队建设弥补个人能力不足，增强班组生命力和竞争力。

班组团队建设应从以下几个方面着手。

1. 发扬团队精神

团队精神就是企业文化，优秀的企业文化可以让员工自发地为了企业的目标而努力。企业文化分为 3 个阶段，如图 5-3 所示。

高级阶段企业文化
经营理念，追求社会认可度

中级阶段企业文化
经营品牌，追求社会认知度

初级阶段企业文化
经营产品，简单追求利润

图 5-3　企业文化发展阶段

2. 恰当领导

优秀的团队不能缺少优秀的领导。班组团队领导的专业能力可以不是最强的，但其管理能力要出众。班组团队领导的培养，应从明确使命、澄清愿景、建立机制、培养人才、鼓舞人心入手，要确保言必行，行必果。

3. 清晰目标

班组团队应确定事情的轻重缓急，确立明确的行为准则，把握核心的任务、计划。

4. 有效沟通

班组团队要注重营造有效沟通的氛围。在班组团队中，会说的不如会倾听的，会倾听的不如会提问的。班组团队成员之间应懂得如何赞美、理解、宽容，懂得如何进行适当的批评。

5. 充分激励

班组团队激励的本质是有效平衡需求，最好的方法是将薪酬和精神激励结合起来去鼓舞员工成长。

6. 合理分工

班组团队中的分工必须合理，不能有事无人做，也不能有人无事做，更不能出现"责任无人承担，功劳人人有份"的现象。

7. 系统培训

培训是企业所有部门和管理人员都应重视的班组团队建设内容，且日常工作中的培训最为有效，培训方式也应多样。但无论采用何种方式，班组组长都是员工培训队伍的内训师。

8. 成果分享

班组团队内的成果分享，能让每名团队成员都清楚成绩是如何得来的，目标是如何实现的，每名团队成员贡献了多少业绩，各自收获了何种经验。

5.2　班组效率

班组效率就是企业的效率，提高班组效率就是提高企业的效率，进而才能增强企业的生存力与竞争力。

5.2.1　现场生产报表分析

现场生产报表是企业分析现场信息的重要依据，报表内容必须及时、准确、完整，企业才能对生产过程和成品品质状况做出客观统计，进而才能对现场情况加以正确判断和主动决策。

现场生产报表主要包括以下 3 项内容。

1. 现场生产品质管理

现场生产品质管理涵盖了从原材料投入到产品完工的所有制造加工过程。

现场生产品质管理是品质管理体系的关键部分，也是其中的基本环节。现场生产品质管理的优越性有以下 4 点。

（1）可以确保品质，减少残次品损失。

（2）可以降低产品的不合格率，实现产品零缺陷、零不合格。

（2）可以促进全员参与，提高员工素质和改善工作环境。

（4）展示企业良好的管理水平和形象。

2. 现场生产过程品质控制

现场生产过程品质控制可以通过计算过程品质指数、分析过程品质，对影响过程品质的诸多因素进行控制，并采取必要措施使生产过程的品质达到并长期保持受控状态。

现场生产过程品质控制可以通过以下两个手段实现。

（1）过程检验。企业按照制定的规范，对加工制造的产品进行检验和试验，确保不合格的原材料不投入生产，不合格的在制品不转入下一程序，不合格的成品不出库。检验方式可以是检验人员专检、生产人员互检及操作人员自检。

（2）组织开展 6S 活动，创造整洁有序的工作环境。6S 即整理、整顿、清扫、清洁、素养和安全，其关键点在于持之以恒。

3. 现场生产报表分类

现场生产报表有以下两个分类方向。

（1）按内容和对象分类，现场生产报表可分为财务报表、生产报表、物料报表、品质报表等。

（2）按照报表上报周期分类，现场生产报表可分为日报、周报、旬报、月报、季报、半年报、年报等。

最为基础且关键的报表为品质报表，品质报表有两种分类，具体如图 5-4 所示。

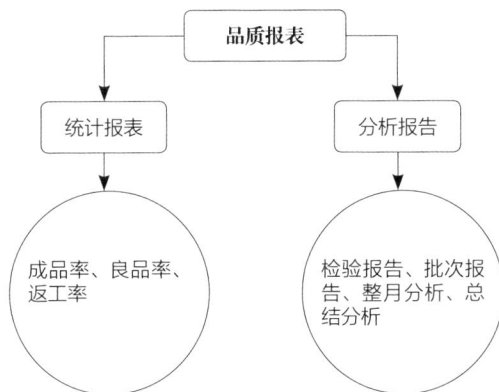

图 5-4　品质报表分类

品质报表按统计报表方向制作，应包含成品率、良品率、返工率等内容；按分析报告方向制作，应包括检验报告、批次报告、整月分析、总结分析等内容。

5.2.2　影响班组效率问题点梳理及对策制订

效率是企业生存和发展的根本，效率低下会导致企业身处市场竞争却跟不上时代，最终被淘汰。班组是企业的基本组成单元，其效率会直接影响到企业整体成单率及交付率，并影响企业整体效率。为此，企业在精益现场改善中应着重对影响班组效率的问题点进行梳理，并制订相应对策。

1. 影响班组效率问题点梳理

班组在现场生产制造时，很容易出现影响效率的问题，例如机器故障、生产环境不整齐、不安全等，这些都会导致班组的效率低下。在实践工作中我们发现主要有以下 6 类影响班组效率的问题。

（1）危险问题。危险问题是指隐藏的且有可能引起事故的问题，主要包括来自生产环境的问题，来自设备运行的问题，来自人为操作的问题等。

（2）污染问题。污染问题是指可能对班组组员健康造成影响或困扰的问题，例如灰尘、油污、噪声、有害气体、辐射等。

（3）清扫困难问题。清扫困难问题是指某些部位存在清扫不便、清扫不及时等问题，包括空间逼仄的工位、高温运行的设备、污染频繁但不能随时清扫的地方等。

（4）故障问题。故障问题指可能造成设备运行故障的问题，如润滑不良、温度过高等。

（5）浪费问题。浪费问题指生产现场造成的浪费，包括物料浪费、人力浪费、空间浪费等。

（6）缺陷问题。缺陷问题是指一些生产操作或加工环节等不当，导致产品存在品质不良等问题，如设备精度不够，员工操作不当，磨具劣化等。

2. 制订针对效率问题的对策

分类梳理影响班组效率的问题点后，企业应制订相关的对策加以解决，以期达到高效率，塑造高标准的生产现场。图 5-5 所示为针对效率问题的对策。

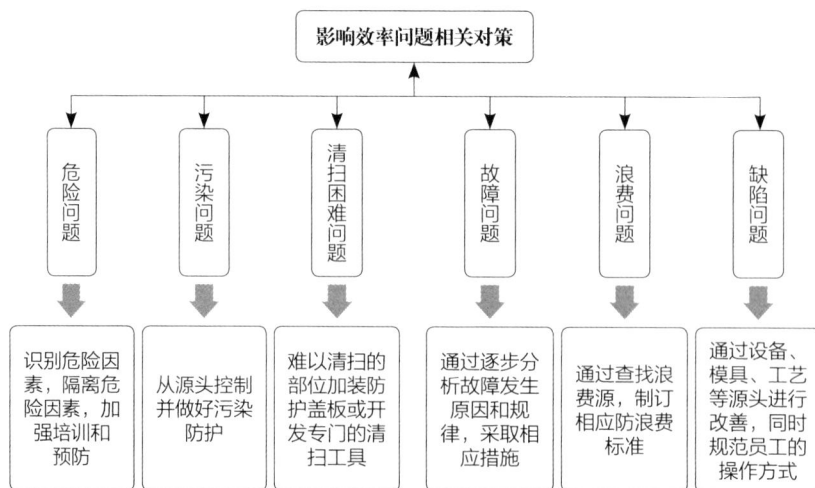

图 5-5　针对效率问题的对策

5.2.3　问题点改善及报告输出

企业解决班组在现场工作中存在的问题时，可使用 PDCA 循环法进行问题改善及报告输出。PDCA 循环法是能确保企业现场活动高效进行且合乎逻辑的工作程序，在企业对班组的实践管理中，该方法得到广泛应用并获得了良好反馈。

图 5-6 所示为 PDCA 循环法模型图。

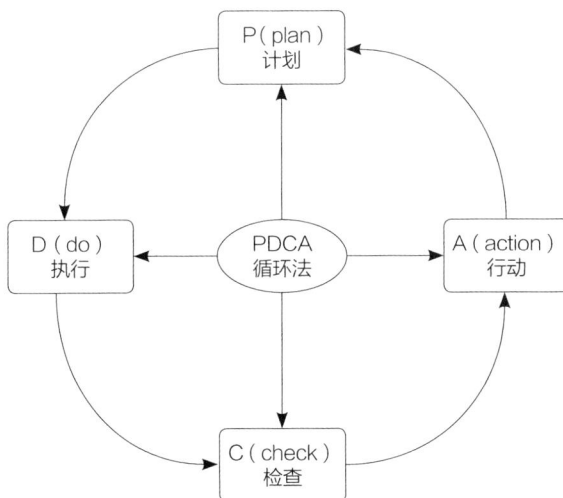

图 5-6　PDCA 循环法模型图

PDCA 循环法的执行步骤如下所示。

1.　制订改进目标及计划（P）

该步骤主要包括制订班组目标、确定活动计划等。以改进工作环境和员工行为为例，企业可从以下 3 个方面着手。

（1）制订清洁卫生考评制度，针对保洁人员的工作建立考评制度。

（2）制订工作场地物品摆放制度，例如工作场地内物品摆放整齐，衣帽鞋不随意摆放，工作台包装盒整洁等。

（3）制订员工工作行为制度，例如规定员工语言文明，不能在上班时间讨论个人隐私或议论他人；上班不留长指甲，不做美甲，以保证员工操作安全等。

2. 目标的具体执行（D）

执行就是具体运作，即实现计划中的内容，主要包括对员工的培训、考核等规范化操作。以上述计划为例，该步骤可以从以下3个方面入手。

（1）对保洁人员进行培训，明确存在的问题，制订保洁员绩效评定表，由企业人事部直接负责，表现优秀的进行奖励，表现差的做出警告。

（2）工作场地物品摆放与个人绩效考核挂钩，制订班组组员综合绩效考评表，由班组组长及其他组进行透明化、及时化的监督考评。

（3）制订详细的员工工作行为考评表，算入工作协调项目。

3. 检查依旧存在的问题及解决方案的不足（C）

该步骤应总结执行计划的结果，分清哪些合格、哪些不合格，明确前两个步骤形成的经营效果，找出问题。执行完以上两个步骤后，企业应及时对本次改进活动做出考核。

（1）综合考评优秀者，给予其奖励。

（2）综合考评合格者，给予其语言或小礼品鼓励。

（3）综合考评不合格者，给予其3次机会，3次考评不合格则将其调岗。

在这一步骤，企业主要应针对不同问题制订不同的解决方案，从而有效解决问题。

4. 执行计划及报告输出（A）

该步骤主要对检查的结果进行处理，输出肯定或否定两种结果。其中成功经验总结后要以报告形式输出公布，再以标准化形式进行推广，确保透明化呈现。失败经验也同样如此，在总结后以报告形式输出公布，并要求其他部门吸取教训。

在该步骤完成后，企业应将尚未解决的问题放到下一次 PDCA 循环中解决。

5.2.4　效果验证与评价

在工作现场生产制造出产品后，班组应对该产品进行效果验证与评价，以确保该产品符合生产工艺要求。例如，某医疗器械有限公司生产出消毒剂成品，为对该产品进行效果验证与评价，需进行以下流程。

（1）确认验证组成员。验证组成员应包括企业管理层、班组组员等，企业应制定表格以明确每个人在效果验证过程中所担任的职务。表 5-1 所示为产品效果验证人员表。

表 5-1　产品效果验证人员表

实际管理者或部门	验证人	验证组职务
产品线经理		验证组组长
品质部门部长		组员
化验部门		组员
化验部门		组员
生产班组组员		组员
生产班组组员		组员

（2）确认效果验证时间。通常而言，一款产品的效果验证时间为 3~7 天。

（3）确认效果验证依据。企业可根据事先制定的品质标准对产品进行效果验证。特殊类型产品的效果验证则以国家相关部门制定的标准为依据，例如消毒剂的验证依据就应为《一次性使用医疗用品卫生标准》。

（4）确认效果验证项目。企业应设立不同的效果验证项目，对产品效果进行对比验证。以消毒剂为例，可对未消毒的左手进行细菌测量，然后对比消过毒的右手，测试消毒效果是否达到标准。

（5）确认效果验证条件设置。企业应选择现场验证人员，设置好效果验证条件，并多设置几组对比条件，也可用竞争企业的产品进行对比验证。

（6）确认效果验证限制条件。例如消毒剂的使用效果可以用同一个人的两只手进行对比，同时也应规定一种消毒剂选择同一个人进行验证。

（7）确认效果验证依据。依据主要应按照企业生产标准或者国家标准进行判定。

（8）确认效果验证方案。确认前应准备好验证物品，选择正确的验证方法并预备好用于登记验证结果的产品效果试验表。表格的行数应根据试验对象数确定。以消毒剂为例，要对不同消毒剂消毒前后的效果进行记录，再对照统计分析的需要制作产品效果试验表，如表5-2所示。

表5-2　产品效果试验表

被检测人员	左手（消毒前）	使用消毒剂	右手（消毒后）	差值	消毒标准判定	结论

在完成验证登记后，填写效果验证结论。效果验证结论是总结得出产品是否达到生产要求的结论。

（9）效果验证分析及评价。产品效果验证完成后，由班组编制确认报告，并制作最终审批表格上交企业。以消毒剂为例，表5-3所示为产品最终审批表。

表 5-3　产品最终审批表

报告产品编号		是否批准	
上报部门	签字	日期	
生产技术部门			
品质部门			
化验部门			

产品最终审批表应能体现产品效果验证的最终结论，并作为班组效率的记载用于存档备考。

5.2.5　生产流程优化

生产流程的优化，离不开深度的生产流程分析。企业应对生产流程进行分析和调查，找出生产流程中存在的浪费、不均匀、不合理问题，并针对问题源头进行优化改善，完成生产流程的有效优化。

1. 常见生产流程缺陷

企业应对自身的生产流程进行深入分析，废除不能创造价值的工序，以有效降低成本、提高效率。调查发现，企业中常见的生产流程缺陷有以下 5 种。

（1）各班组之间互不相容、各自为政，做什么事都要逐级上报。

（2）班组以近期或局部的利益为中心，牺牲长远或整体的利益。

（3）执行过程中的条条框框设置得太多，授权不灵活，一个项目多个领导，执行者无法适应。

（4）岗位职能不明确。

（5）管控模糊，执行流程结构滞后于现实需要。

2. 分析生产流程问题步骤

分析生产流程问题的步骤主要有以下 5 步。

（1）确定问题，分析实际状况和要求标准有无偏差。

（2）进一步分析问题，将总问题切割成几个小问题，根据紧急性、严重性或可能性区分出等级，随后制订解决问题的策略。

（3）找偏差，说明偏差是什么，并提出问题。

（4）找偏差因素，找出可能导致偏差的因素，如人员减少、设备更换、方法改变等。

（5）找偏差原因，从偏差因素中找出导致偏差的根本原因，并检查核实。

3. 生产前准备流程优化关键

准备流程优化的关键在于找出问题，进行深入调研和分析，这是体现企业科学管理、人本管理的要义。没有进行实际调查就没有发言权，管理者只有做好调研和分析，才能真正设计出适用的优化流程，解决现场管理的难题。

5.2.6　工装治具标准化管理优化

工装治具是辅助生产、检验使用的工具或辅助物品。企业做好工装治具标准化管理优化，可以确保工装治具始终处于可控状态，延长工装治具的使用寿命，保证产品品质。

1. 工装治具标准化管理

为对生产产品所涉及的工装治具进行标准化管理，企业需从以下 4 点入手。

（1）技术部门负责制定工装治具管理规范，并组织班组组长学习落实。

（2）技术部门、工艺和模具班组负责对工装治具进行评估与设计。

（3）制造部门负责工装治具的验收、点检、使用保养、报废清算、建档归类和维护管理工作。

（4）制造部门负责监督员工对工装治具的申请、保管、领用和归还工作。

2. 工装治具验收管理

工装治具在入库时，制造部门应依据技术部门提供的工装治具清单进行盘点，核对送货清单。制造部门确认无误后，才可签收工装治具。同时，工装治具在签收时，还应由制造部门、技术部门、品质部门进行检测，检测其关键尺寸及是否达到生产要求，并撰写工装治具检测报告，验收完成后再将验收文件和相关技术资料归档保存。

3. 工装治具使用管理

班组在日常生产中应按照企业生产工艺指导方法正确使用工装治具，轻拿轻放，不能私自改装工装治具。班组在使用工装治具前要按照保养方法对其进行检查，检查是否有异常；班组在使用完毕后应对其进行全面清洁，同时摆放整齐。此操作可由班组组长绘制工装治具自主保全记录表进行监督，如表 5-4 所示。

表 5-4　工装治具自主保全记录表

企业 Logo				工装治具自主保全记录表		车间
保全项				×××× 年 × 月		治具名称
部位	保全内容	保全标准	频次	日期	保全人	

使用工装治具自主保全记录表，应形成班组内的习惯，并由老员工监督指导新员工按时完成。

5.2.7　6S 管理快速切换导入

6S 管理是高效率、高标准的管理方法，该方法体系以现场管理为重点、以产品服务为导向，具有迅速、精准的优势。

图 5-7 所示为工作现场快速切换导入 6S 管理模型图。

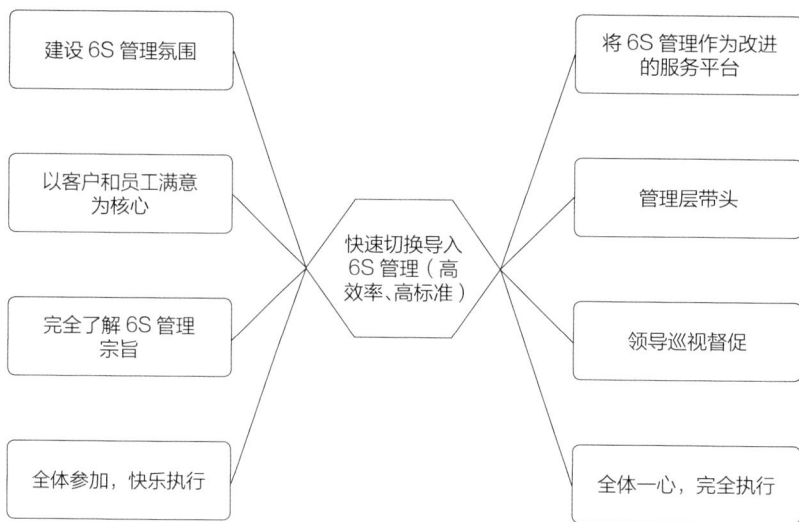

图 5-7　工作现场快速切换导入 6S 管理模型图

企业在班组工作现场进行快速切换导入 6S 管理，可以从以下层面着手。

（1）建设 6S 管理氛围。企业充分运用标语、宣传语等，让每一位员工了解到 6S 管理是提高企业品牌形象、提升产品品质的活动，与个人切身利益息息相关。

（2）以客户和员工满意为核心。企业发展的目的是赢利，客户和员工则是重要的利润来源。6S 管理的最终目的在于提升企业员工综合素质，确保其劳动成果使客户满意，让企业获得更多利润。企业在推行 6S 管理时必须紧紧围绕这一核心。

（3）完全了解 6S 管理宗旨。推行 6S 管理时，企业领导层应逐级表明其宗旨，最终由班组组长将 6S 管理宗旨传递给每位员工，确保每位员工认真执行并参与其中。

（4）全体参加，快乐执行。6S 管理的推进需要企业上下一心、各班组人员共同参加，实现紧密的配合。

（5）将 6S 管理作为改进的服务平台。在 6S 管理的推行过程中，最难的就是持之以恒，各班组必须坚持不懈地执行 6S 管理，从多方面处理企业发展中的难题，让 6S 管理成为一个改进的服务平台。

（6）管理层带头。企业的管理层要亲自带头，分配每个部门主管全力促进，以此影响每位员工。

（7）领导巡视督促。企业领导需要密切联系班组，亲自巡视了解各部门、各班组实行 6S 管理时遇到的问题，并以身作则参与实践活动。

（8）全体一心，完全执行。在制定总战略和总目标后，企业应建立执行体系和方法，全体一心，完全执行。对于工作方法使用不当的班组，企业领导应给予批评，并责令其限期改进。

5.3　班组品质

当下，市场中各行业规模正趋于饱和，行业的"蛋糕"是固定的，但其中的企业数量却一直在增长。因此，企业必须以品质求生存，继而求发展。企业的竞争核心在于品质，产品品质将决定企业客户的黏性。

5.3.1　班组产品首末检规范优化

企业为加强品质控制，预防产品在生产过程中出现大批量超差、返修情况，保证产品最终品质，促进产品顺利交付，需制定班组产品首末检规范制度，并不断对其进行优化。

1. 首末件定义

首件，是指每个班组刚开始生产时或在生产条件发生改变后的第一或者前几件产品。对大批量生产来说，首件往往是指一定数量的样品。

末件则是指当批或者当天生产的最后一个或一批产品。

2. 首末检控制要求

有下列情况之一时，产品需进行首检。

（1）重新开机时。

（2）换模、换料、换班或设备更换时。

（3）产品工艺参数重新调整时。

（4）工装、模具变更、维修后。

（5）生产场地发生变动时。

末件检验是为了确保生产过程中的最后产品符合要求，同时对下一个班次的首件生产进行保障。因此末件检验是必备的。

3. 首末检各部门责任与权限

班组进行首末检时，各部门的责任与权限如下所述。

（1）技术部门负责产品首末检的自检与互检，在品质异常时负责组织班组人员对产品问题进行分析与调整。

（2）品质部门负责首末件的确认与过程检验，配合生产部门对不合格的首末件进行分析和调整，并有权向技术部门提出停机的要求。

实际操作中，各部门应严格按照操作流程进行首末检。图5-8所示为首件检查规范操作流程图。

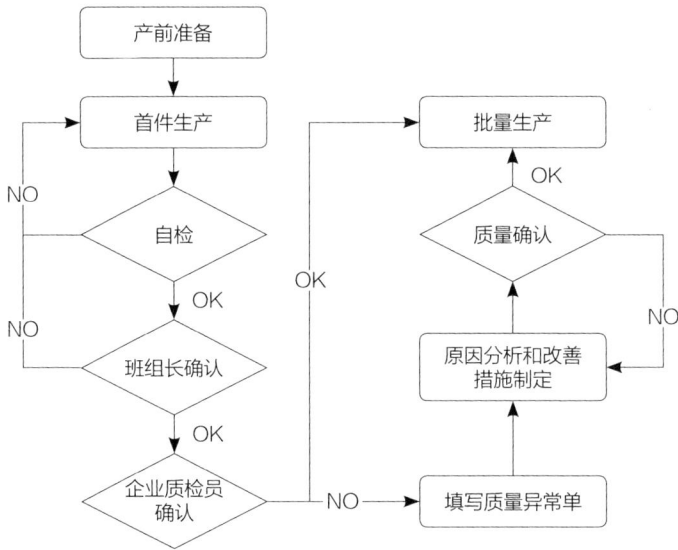

图 5-8 首件检查规范操作流程图

图 5-9 所示为末件检查规范操作流程图。

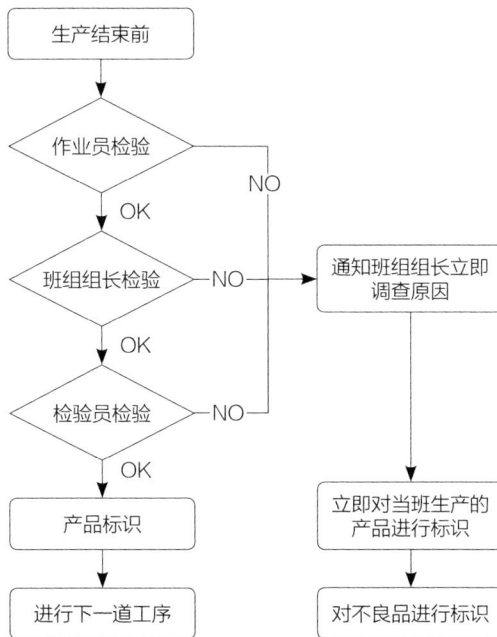

图 5-9 末件检查规范操作流程图

班组通过学习首末件检查规范操作流程，确保人人熟悉首末件检查的规范化步骤，以此提升员工的产品质量意识。

5.3.2　关键工序管理内容优化

关键工序管理内容优化，是指通过有效控制班组生产过程中的关键工序，确保产品品质处于长期稳定的合格状态，以提高企业的生产效率。

1.　关键工序及工序品质控制点定义

关键工序是指具有关键品质特性或对下一道工序有较大影响的工序，也可能包括产出残次品、不合格品较多的工序。

工序品质控制点即质控点，是指生产现场人员在一定的时间和条件下，对需要重点控制的产品品质特性、主要部位、薄弱环节及影响因素等特定对象，能采取特定措施及方法以实行强化管理的关键流程节点。班组把握质控点，能使工序始终处于良好可控状态，以保证其达到企业规定的品质要求。

2.　关键工序管理各部门职责与权限

对关键工序进行管理时，各部门的职责与权限如下所述。

（1）品质部门。品质部门是关键工序品质控制的最终管理部门，负责各产品关键工序的日常监督检查，以及关键工序计量器具的重点控制与管理。

（2）技术部门。技术部门负责关键工序的设立，负责做好关键工序能力分析，同时负责各产品关键工序设备工装治具的重点控制与管理。

（3）各班组。各班组主要负责做好各自关键工序的现场控制与管理，同时做好日常记录及定期的统计分析上报。

3.　关键工序管理内容优化程序

企业优化关键工序管理时，由技术部门根据关键工序及其他生产工序现状设立必要的质控点，设立时必须注意遵循质控点的设立原则。同时，企业还应强调质控点的各项控制要求，包括质控点控制文件的编制、质控点的控制因素要求、检验指导书的制定等。表 5-5 所示为相关支持性文件。

表 5-5　相关支持性文件

序号	文件编号	文件名称
1		××检查作业指导书
2		××返工作业指导书
3		××产品零部件品质特性及重要度分级规定
4		××产品不合格品控制流程图

5.3.3　不合格品控制程序优化

企业要对不合格品控制程序进行不断优化，避免不合格品的非预期使用或者交付，防止其对企业造成信誉危机及其他不必要的损失。

1. 不合格品控制程序负责部门

通常由品质部门负责进行不合格品的判定及轻微不合格品的处置，由物资部门负责对外采购和处置外协件中的不合格品，由技术部门负责对严重不合格品进行评审及处置，并上报企业管理层代表进行审批。

2. 不合格品控制工作流程

不合格品的控制工作分为 7 个流程。

（1）不合格品的判定与记录。检验人员或相关操作人员根据产品标准、检验规范、图样等对器材、半成品与成品进行检验，判定合格与否并记录不合格品情况。

（2）不合格品的分类。不合格品主要分为轻微不合格品和严重不合格品。

（3）不合格品的评审。评审由品质部门人员与物资部门人员共同进行，并记录为表，上报批准。

（4）不合格品的处置步骤。问题不同，不合格品的处置步骤不同。图

5-10 所示为进料不合格品处置步骤。

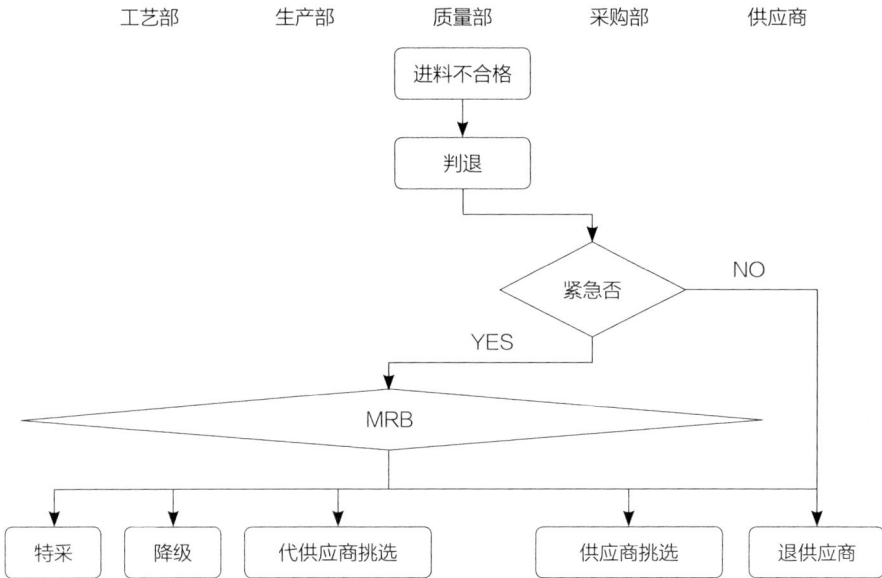

图 5-10　进料不合格品处置步骤

图 5-11 所示为半成品及成品不合格品处置步骤。

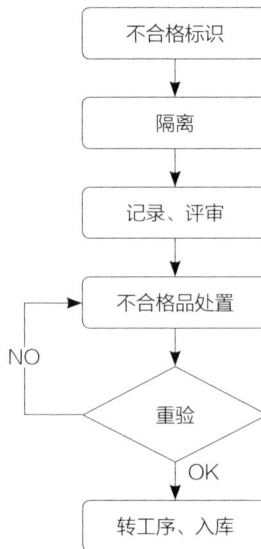

图 5-11　半成品及成品不合格品处置步骤

图 5-12 所示为退货不合格品处置步骤。

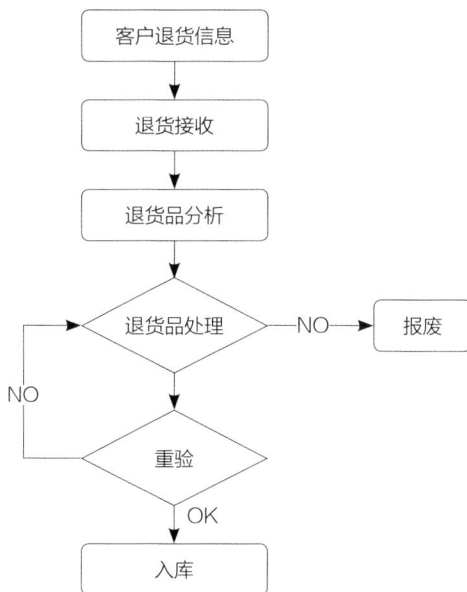

图 5-12　退货不合格品处置步骤

（5）不合格品的处置方法。处置办法主要有返工、返修、降级使用或改为他用、拒收和报废等。

（6）各生产现场班组按规定要求对不合格品进行返工、返修。

（7）质检人员对返工、返修产品进行重验。

5.3.4　品质异常反应机制建立

品质异常发生之后，应及时加以处理，而这又离不开必要的专业知识和技能、较高的职位权限。当基本班组组员不具备专业知识和技能，缺乏足够的资源协调能力时，班组组员应做到及时报告，争取企业各部门主管来进行快速处理，避免影响出货，导致客户投诉。因此，品质异常反应机制是企业在班组层面建起的一道"防火墙"。

1. 定义品质异常严重度

品质异常的情况有很多种，有轻微的，有严重的，但并非每种品质异常情况都要上报主管，这只会导致时间与人力的浪费。只有先定义品质异常严重度，才能将品质异常同品质不良、物料不良等现象区分出来，方便 QC（Quality Control，企业质检员）轻易识别出品质异常，以避免误报情形的发生。

2. 品质异常反应机制

图 5-13 所示为品质异常反应机制。

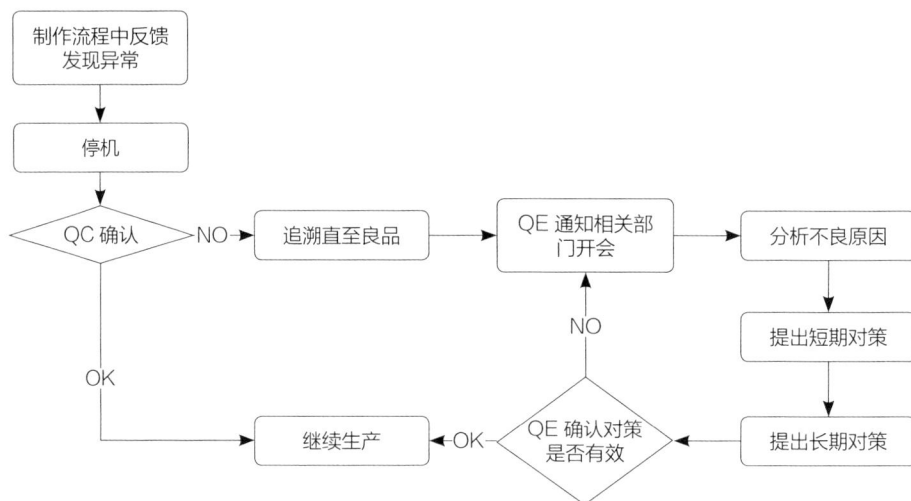

图 5-13　品质异常反应机制

注：QE，即 Quality Engineer，品质工程师。

品质异常反应机制能有效提升班组对品质异常的反应能力，确保对品质异常及时进行正确处理。

3. 品质异常报告方式

班组组员发现品质异常后，可通过如下方式向上级报告。

（1）电话。电话的及时性强，有利于与主管或 QC、QE 进行双向沟通。

（2）面呈。面呈的清晰性强，有利于传递品质异常的细节，同时有利于与主管或 QC、QE 进行现场分析、判定，以作出决定。

（3）文字信息。文字信息较全面，方便各部门协同处理。

（4）邮件。邮件全面、清晰，文字配上图片，能达到更充分传递信息的效果。

4. 品质异常报告问题描述

班组组员在上报品质异常问题时，应做到 5W1H，具体内容如下。

（1）When。品质异常问题发生的具体时间。

（2）Where。品质异常问题发生的具体地点，在哪里、哪个车间、哪条生产线。

（3）Who。品质异常问题的发现者，包括具体是谁发现了问题，问题有哪些人知道，现在谁在处理等。

（4）What。品质异常问题的具体细节，包括存在哪些不良情况，表现为什么现象等。

（5）Why。品质异常问题为何会发生，是何种原因导致的。

（6）How。投入多少，不良率多少，合格率多少，等等。班组组员对 How 的描述一定要有准确清晰的数据，否则可能引起企业误判。

5.3.5 班组质量事故处理机制优化

企业为加强产品质量的管理，完善质量责任制，规范质量事故报告、调查和处理等工作，实现全过程的持续改进，防止质量问题的重复发生，需要制定且不断优化班组质量事故处理机制。

1. 质量事故定义

质量事故是指企业在生产和经营活动中，因为产品质量、工艺质量、生产作业质量未满足企业或不符合国家法律法规、产品标准、合同规定或客户的要求，造成的经济损失、财产损失、信誉损失、停工返工和退赔的责任事故。通常而言，质量事故责任离不开具体的执行班组，应由品质部门负责质量事故的调查，编制质量事故处理通报。

2. 质量事故的处理程序

各班组在发现质量事故时，应立即上报品质部门相关工程师或品质经理，品质部门组织调查小组进行事故调查鉴定工作。调查小组的成员可以全部来自品质部门，也可由多部门的人员组成。

调查小组进行调查后，根据调查的相关信息对质量事故进行分析，查找引发事故的原因，并根据影响程度的大小对质量事故进行分类。

3. 质量事故的分类

根据影响程度的大小，质量事故可分为以下3类。

（1）一般质量事故：不良比率在8%~30%，不良品返修数量较少，直接经济损失较少。

（2）较大质量事故：不良比率在31%~80%，不良品返修数量较大，直接经济损失较大。

（3）重大质量事故：不良率在80%以上，直接经济损失重大，造成客户投诉并取消订单。

4. 质量事故的调查

质量事故发生后，质量管理人员应在4小时之内将情况上报企业高层管理部门，并组织相关部门制订解决方案，尽量减少质量事故给企业带来的损失。随后，质量管理人员须展开调查，向发生质量事故的班组及有关人员了解质量事故发生的经过，索取相关材料。

查明质量事故发生的过程、原因，确定经济损失情况后，QM确定事故责任，提出事故纠正和预防建议，出具质量事故处理报告单。企业批准后，QM对发生质量事故的班组和班组员工进行处罚，并开展质量事故教育。

5.4　班组成本

班组成本涉及物料、原料、低值易耗品、员工出勤、加班等。班组成本管控得越好，企业越具有竞争力。

5.4.1　班组制造成本统计数据分析

成本是企业为一定目的而付出的或者未来可能付出的用货币计量的价值牺牲。通俗点说，成本就是企业为生产产品、提供劳务而发生的各种耗费，是按一定对象所归集的费用。

将班组制造成本按不同标准进行科学系统的分类，有助于企业多角度、多方面地理解成本的内涵和作用，并能够为企业统计班组制造成本数据并进行分析提供有用信息。班组制造成本可按与产品生产的因果关系划分为产品制造成本和期间成本。

1.　产品制造成本

产品制造成本是指班组在制造产品时所耗费的成本，包括如下内容。

（1）直接材料。

（2）直接人工。

（3）间接制造费用。如折旧费、修理费、物料消耗费及其他制造费用。

2.　期间成本

期间成本主要是为开展生产经营活动准备条件，或为形成并维护现有正常产销能力而发生的固定成本，包括如下内容。

（1）管理费用。如企业管理人员工资、摊销费、房产税、车船税、土地使用税及其他管理费用。

（2）销售费用。如运输费、包装费、保险费、差旅费、广告费、销售机构人员工资等。

（3）财务费用。如银行借款利息、汇兑净损失、银行手续费及其他筹资费用等。

管理的核心问题是人的管理。最好的管理是管理层使用最少的资源为企业带来最大的利润，这就要求管理层要使各班组制造成本达到最优解，既不会因成本超出导致浪费，也不会因成本过低导致质量不好。

数据统计是制造成本管理工作的第一步，有效分析各种质量数据是第二步，各种制造成本的改进是第三步。制造成本管理的全面目标是通过数据的统计分析，从而有效、合理地降低制造成本。

5.4.2　制造成本费用目标设定

企业应根据一定时期的生产任务，预先设定班组制造成本费用目标。制造成本费用目标是由成本费用控制主体在其职权范围内，在生产耗费发生以前和成本费用控制过程中，针对各种影响成本费用的因素和条件采取一系列预防和调节措施，以保证制造成本费用目标实现的管理行为。图 5-14 所示为制造成本费用目标分解。

企业目标 ➡ 部门目标 ➡ 产线目标 ➡ 班组目标

图 5-14　制造成本费用目标分解

1. 制造成本费用设定内容

制造成本费用的设定包含两个方面：一是减少投入，即减少资源消耗；二是增加产出，即提高资源利用率。

（1）减少投入，需要减少资源消耗，主要包含减少人工成本、能源消耗、生产外材料消耗、日常费用、库存资金占用等。

（2）增加产出，需要提高资源利用率，主要包含节拍攀升、提高综合开动率、提升瓶颈工序能力等。

2. 制造成本费用目标设定关键

企业要对各部门、班组设定并实行科学全面的制造成本费用目标，以制造成本费用目标进行价值形式的量化。为此制造成本费用目标的设定应做到以下几个方面。

（1）明确制造成本费用目标设定的基本任务。企业通过预测、计划、控制、核算和考核，反映班组生产经营成果，不断挖掘降低成本的潜力，降低产品成本，提高班组经济效益。

（2）对制造成本费用目标的设定实行统一领导和归口分级管理。制造成本费用目标由财务部进行总管理，各部门、班组须按规定的经济权限和业务职能负责与其相关的制造成本费用目标。各部门、班组须保证制造成本费用目标的完成，了解完成的奖励和未完成的处罚。

（3）各制造成本费用目标责任部门、班组应根据自身管理职责和主要工作内容，分别进行材料成本、设计成本、消耗费用、废品损失成本、对外协作成本及制造费用的控制。班组组长对制造成本费用目标负责，对企业经济效益负责。

5.4.3　围绕目标成本开展月度改善活动

目标成本是企业在经营活动的某一时期内应实现的成本。班组围绕目标成本开展月度改善活动，旨在控制生产经营过程中的劳动消耗和物资消耗。班组通过成功开展类似活动，能有效降低产品成本，实现企业目标利润。同样，如果班组围绕目标成本开展的月度改善活动不能成功，则企业目标利润也就没有实现的基础。

1. 确定目标成本

企业应首先确定成品、半成品的目标成本；然后根据自身经营利润目标进行剖析，将其他业务利润扣除后，再对财务费用、管理费用、营业费用进行逐项分析。

（1）财务费用。企业应根据生产经营成本和流动资金周转情况，做好借贷计划，合理估计财务费用，力求使班组费用降低到可控点。

（2）管理费用。企业应根据历史最高管理费用水平，结合新增管理费用资产计划，科学测算费用额度，将可变化费用分解到各相关部门，并将责任分解到每个班组、每个人。

（3）营业费用。企业应根据市场供求状况，结合历史最高营业费用水平，由营销部门负责计划及控制相关班组费用。

以上3项期间费用计划好后，企业可以得出目标主营业务利润，据此确定目标成本，其计算公式如下。

目标成本＝预计的主营业务收入－主营业务税金及附加－目标主营业务利润

目标成本确定后，企业即可根据生产计划，确定每个班组的目标单位成本。

2. 月度改善活动及其分类

企业应追求更快、更好、更简单地达成目标成本，为此应开展班组月度改善活动。图5-15所示为改善的定义。

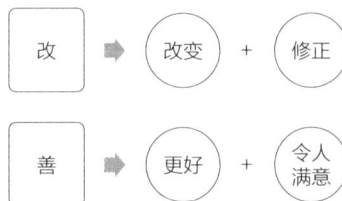

图5-15 改善的定义

在班组月度改善活动中，企业应注意改善不等于创新。表 5-6 所示为改善与创新的区别。

表 5-6　改善与创新的区别

比较项目	改善	创新
适用人群	全员参与，每一个人	专业人员，少数优秀骨干
能力要求	当前技术、行业经验	技术突破，新发明、新理论
投入	小投资	大投资
改变	稳定温和，小幅度改变	突发剧烈，大幅度改变
时效性	长期，连续渐进的	短期，间歇跳跃的

班组成员明白改善的定义及与创新的区别后，还需要了解月度改善活动的分类。月度改善活动主要可分为以下 7 类。

（1）流程改善。如流程再造、表单优化、信息资源整合等方面的改善。

（2）工艺改善。如效率提升、物流优化、仓储优化、设备利用提升等。

（3）设备改善。如设备改进、故障降低、检测工具改善、手工具改善等。

（4）技术改善。如新技术验证改善、新材料应用改善、新设备引进改善等。

（5）质量改善。如质量稳定性和一致性改善、新材料应用改善、检验方式方法改善及分析统计方法改善等。

（6）管理改善。如环境整洁度提升、士气提高、作业强度降低等。

（7）安全改善。如防错防呆应用、目视化安全控制改善等。

3. 月度改善活动与工作的关系

企业应对所有班组成员进行教育，帮助他们明确改善与工作的关系，明确改善与工作是一体的，不是额外的任务与负担；不进行改善的话，工作就会落后。同时，企业还应利用班组会议等机会，帮助员工明确月度改善活动为谁而做。

（1）为自己：轻松、快乐完成工作任务的同时，让自己的能力得到提升。

（2）为企业：运作更有效率，生产成本更低，安全品质更好，整体竞争力更强。

5.4.4 班组定岗定编管理优化

企业应不断优化班组定岗定编管理，在原有基础上发扬班组传统管理的良好经验，推广运用现代化管理的方法，促进企业的整体高效运转。只有班组定岗定编管理优化了，企业的整体优化才有希望。

1. 转变观念，提高认知

开展班组定岗定编管理的初期，可能会有不少企业领导或员工出现以下3种情况。

（1）满足于现状。有的人会觉得自己的班组定岗定编管理已经做得很好了，至少高于一般企业的水平，所以没必要再自找麻烦。

（2）觉得没效果。有的人会觉得其他工作尚未优化，仅是班组定岗定编管理优化没什么效果。

（3）认知不足。有的人会觉得所谓优化只不过是一个新名词，没有什么实际意义。

针对这些情况，企业要从长远发展的角度，积极宣传班组定岗定编管理的意义和作用，指出班组定岗定编管理优化是生产力发展的客观需要，将班组定岗定编管理优化的责任落实。

2. 培训骨干，提升素质

班组组长是企业最基层的管理者，企业的生产计划、措施、目标都应通过班组组长去组织实现。班组定岗定编管理优化首先应有一个好的班组组长，班组组长强则班组活，班组活则企业兴。为提升班组组长的素质，企业可以采取以下方法。

（1）定期召开班组组长会议。

（2）进行业务培训，由企业相关部门负责编写教材，制定教学方案。

（3）通过检查、验收和评比，对班组组长加以指导培养。

（4）采用民主推荐与领导聘任相结合的办法进行班组组长的选拔，这样可以取长补短。

3. 整顿制度，提高水平

班组定岗定编管理的内容是随着时间发展逐步丰富和深化的，而因为班组的基本任务是直接进行生产，所以不论怎样变化，班组定岗定编管理优化应有利于生产力的发展。

为使班组定岗定编管理的内容既能适应变化形式，又能保持其规范性、先进性和适用性，企业应制定班组定岗定编明细表，如表 5-7 所示。

表 5-7　班组定岗定编明细表

编号：

项目	××××年 班组定岗定编明细表（　　人）			
序号	所属岗位	担任工作	岗位性质	招聘原因
1				
2				
3				

5.4.5　低值易耗品管控与改善

企业应加强低值易耗品管控与改善，这样可以保证企业部门财产安全，促进资产的有效配置，降低经营成本。

1. 低值易耗品定义

低值易耗品是指满足下列 3 个条件之一，且不属于固定资产范围内的物品。

（1）使用期限在一年以下的生产经营用的物品。

（2）使用期限在两年以下的非生产经营用的物品。

（3）使用期限在两年以上，但单价在 1000 元以下的非生产经营用的物品。

2. 部门管控职责

针对低值易耗品，企业行政部门应负责建立、完善低值易耗品管理制度，负责低值易耗品的购置、验收、领用、调拨、盘点、报废等工作，并负责对各部门低值易耗品管理进行指导。

3. 低值易耗品管控制度

为了对低值易耗品进行管控与改善，企业应先划分低值易耗品的范围，而后再据此推出管控制度或改善管控制度。制度的主要内容如下。

（1）限定低值易耗品范围。低值易耗品的范围主要如下。

①办公家具。如办公桌椅、沙发、茶几、文件柜等。

②办公设备。如空调、保险柜等。

③电子信息产品。如打印机、传真机、复印机、电话机等。

（2）确定低值易耗品申购程序。低值易耗品购置需由所需部门向行政部门提出使用需求并填写申请单，经行政部门确认后进行购置或调配。

（3）低值易耗品购入应由财务部门同行政部门进行验收，验收合格后进行登记；登记之后通知使用人领用，员工离职或调任时应将所使用的低值易耗品归还行政部门，以方便调剂分配，合理利用资源。

（4）低值易耗品由领用部门对其进行维护、保管，若低值易耗品丢失、损坏，由领用部门进行赔偿。为避免浪费，领用部门不得将低值易耗品用于与工作无关的事情。

（5）确定低值易耗品的报废条件。

低值易耗品的报废条件如下。

①使用寿命已满，无法继续使用。

②使用寿命未满，但主要部件已损坏，且多次维修无效。

③已无维修价值或维修成本较高。

④因自然灾害或非常事故造成损毁且无法修复。

低值易耗品满足报废条件后，领用部门应提出申请并填写报废单。表5-8所示为低值易耗品报废单示例。

表5-8　低值易耗品报废单示例

项目	低值易耗品报废单			日期：
申请	物品编号		物品名称	
	领用部门		经办人	
	购买时间		使用人	
	报废原因		指导使用年数	
	部门负责人意见		实际使用年数	
审批	行政部门负责人意见			

（6）低值易耗品盘点。行政部门与财务部门每年应对企业的所有低值易耗品进行一次盘点，其他各部门应予以配合。盘点中如发现实际情况与账目不符，使用人应以书面形式说明原因；若是人为造成物品丢失或损坏，使用人应按企业规定进行赔偿。

5.4.6　现场七大浪费识别与改善

班组生产过程中难免会出现一些不必要的浪费，根据实践经验我们总结出现场七大浪费，以帮助企业识别并改善浪费。

1. 搬运浪费

班组对物料的任何移动。该种浪费具体表现为需要额外的运输工具、储存场地、生产场地，新增大量的盘点工作或产品在搬运中损坏等；起因为班组生产场地规划不合理，有大量的库存和堆场，场地使用缺乏组织。

2. 库存浪费

班组对超过客户需求或者下一道作业需求的原料或产品供应就会形成库存浪费。该种浪费具体表现为需要额外的进货区域，物料流动停滞不前，发现问题后需要进行大量返工等；起因为生产能力不稳定，出现不必要的停机，生产计划不协调，市场调查不准确等。

3. 缺陷浪费

班组对产品采取检查、返工等补救措施。该种浪费具体表现为需要额外的时间和人工进行检查、返工操作，由此而引起的无法准时交货。此时企业的运作是补救式的，而非预防式的。该种浪费的起因为班组生产能力不稳定，过度依靠人工来发现错误，员工缺乏培训。

4. 等待浪费

班组人员及设备等资源的空闲。该种浪费具体表现为人等机器，机器等人，人等人，出现非计划的停机等；起因为班组生产运作不平衡，生产换型时间长，人员及设备的效率低，生产设备不合理，缺少部分设备等。

5. 过度加工

班组内多余的加工或者超过客户需求的精密加工，造成资源的浪费。该种浪费具体表现为瓶颈工艺，没有清晰的产品技术标准，需要花费多余的时间和借助大量辅助设备等；起因为班组工艺更改和工程更改缺乏协调，随意引进不必要的先进技术，管理层的错误决定，没有平衡各项工艺的技术要求，没有正确理解客户需求等。

6. 动作浪费

班组内人员和设备的不必要动作。该种浪费具体表现为人找工具，出现大量的弯腰、抬头和取物动作，设备和物料距离过远引起的走动等；起因为生产场地和设备规划不合理，工作场地没有组织，人员及设备的效率低，企业没有考虑人机工程学，工作方法不统一，生产批量太大等。

7. 过量生产

班组生产多余需求或生产快于需求。该种浪费具体表现为库存堆积，过多的设备，额外的仓库、人员、场地等；起因为班组生产能力不稳定，班组缺乏交流，换型时间长，开工率低，生产计划不协调，对市场变化反应迟钝。

企业通过识别浪费的表现与起因，可以推出改善浪费的方法，如过度加工导致浪费则可以减少一道工序。表 5-9 所示为现场七大浪费识别改善表。

表 5-9　现场七大浪费识别改善表

责任人：		现场七大浪费识别改善表				日期：	
区域	图片	浪费描述	浪费种类	改善建议	计划整改完成日期	实际整改完成日期	备注

5.4.7　现场七大浪费改善资料输出

浪费是班组生产中所有不增加价值的因素。对于企业来说，现场七大浪费是降低企业效率的存在。因此，班组应为改善现场七大浪费准备资料并进行资料输出。

1. 现场七大浪费的改善原则

班组积极消除浪费、改善浪费就是提升企业竞争力的做法。图 5-16 所示为企业竞争力提升流程。

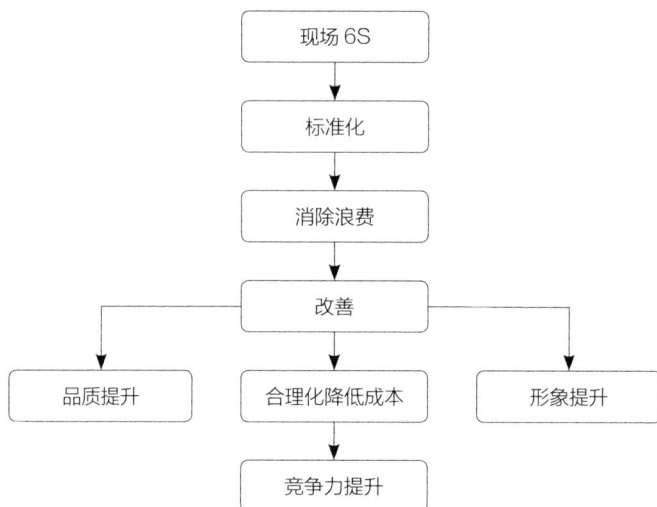

图 5-16　企业竞争力提升流程

我们通过图 5-16 可知，消除浪费在企业竞争力提升过程中扮演着重要角色。现场七大浪费的改善原则如下。

（1）搬运改善。企业根据搬运浪费的起因可以制定班组搬运的三不原则，即不要乱流、不要粗流、不要停留。

（2）缺陷改善。减少班组生产缺陷浪费的"二十字真言"，即保持新鲜、迅速确实、三线一体、不要触碰、要一致性。

（3）动作改善。班组动作的三不原则，即不转身、不摇头、不做过多无意义动作。

（4）加工改善。班组加工的三不原则，即不切削空气、不做木偶动作、不做立正动作。

（5）库存改善。班组库存的三不原则，即不大批量生产、不批量搬运、不大批量采购。降低库存的要领为批量要小、交期要快。

（6）生产改善。班组生产的三不原则，即不过量生产、不盲目生产、不做无市场调查的预测生产。

2. 现场七大浪费的改善建议

在改善与消除企业班组生产现场浪费时，我们常提出 4 点建议。

（1）大部分企业浪费改善活动失败的原因往往在于疏忽了过程。浪费改善的过程中，不能缺失计划管理和最高管理部门的承诺与参与。

（2）班组成员应以开放的心态，与管理团队进行现场交流、问题互动、相互学习，实现经验借鉴。

（3）班组应尝试拥抱变化，大胆放开，坚信"没有不可能"。

（4）浪费改善的核心思想在于"有一点进步就是改善"，改善是循序渐进的过程，不管班组的改善有多小，企业都应给予更多的鼓励而不是打击。

当企业中的批评家太多、实干家太少，企业的生命就会变得短暂。实施改善行动的人远比站在旁边指手画脚的人更应得到企业的尊重与呵护。

5.5　班组交付

生产现场影响班组交付的关键环节是应对生产异常的反应过程。生产异常发生后，问题能否在允许的范围内解决，直接考验着产品能否按时交付，也直接考验着企业的班组交付管理程度。

5.5.1　班组交付流程调研

企业加强班组交付管理，不能缺少对比及调研，否则提出的改善方法都是空想。

1. 班组交付流程

班组交付流程并非某个部门就能完成的，而是需要整个企业进行配合。该电器企业具体班组交付流程如下。

（1）销售部下单。销售部承接订单，在与客户达成初步的交期后，将订单交予副总经理。

（2）副总经理组织订单评审。副总经理在接到销售部订单当日，将订单下发到各部门，并于两日内完成订单评审。

（3）订单评审。副总经理召集各部门负责人召开订单评审会，并在评审会上确定交货日期、包装要求及技术要求能否达到客户要求。技术部应对新产品或老产品及时提出技术说明，确认无技术障碍后，将交货日期及技术说明反馈至销售部，由销售部与客户确认交货日期。

（4）物料需求报送。仓库将订单物料需求上报至副总经理审批，通过后交由采购部采购。

（5）采购部组织采购。采购部接到副总经理审批后的采购申请单后正式向供应商下单采购，并对物料交期负责。

（6）来料入库。订单所需物料由供应商送到企业时，由品质部进行物料检验，检验通过后由仓库办理物料入库手续。

（7）生产投产。物料到齐后，依据订单评审确定的投产日期按期生产。生产部每天生产产品并放入仓库，直至完成订单数量。

（8）生产过程质量控制。品质部严格把控生产过程和成品质量，每道工序完成后须经检验员签字确认才可进行下一道工序，直至包装完成。

（9）产品包装完成后，由班组组长开具产品送验单给品质部进行确认，经品质部签字确认后仓库才可接收入库，并开具入库单。

（10）订单完成汇报。当产品入库数量达到订单数量之后，仓库通知销售部订单已完成。

（11）销售人员跟催尾款。

（12）安排发货。客户付款完毕后，以财务部收到款项为准，经由财务部与销售部确认后，由销售部通知仓库发货。

2. 班组交付流程视图

该电器企业将上述班组交付流程简化后形成的流程视图如图 5-17 所示。

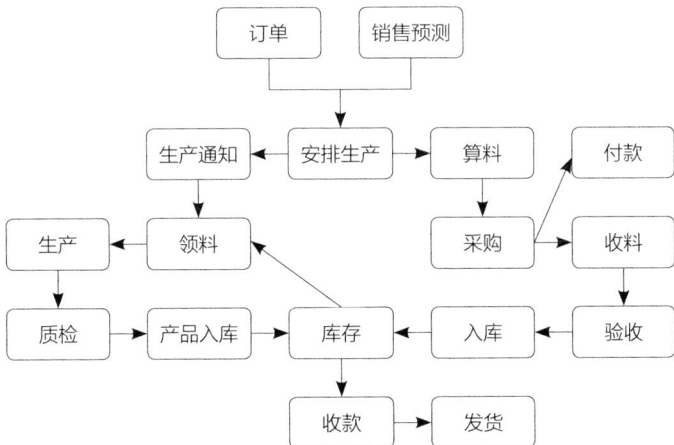

图 5-17　班组交付流程视图

5.5.2　班组交付问题点输出

企业应针对班组交付出现的问题，采用适当的管控和改善措施，并将其整理输出为具体管理制度。在调查中，企业在班组交付中容易出现五大问题，如图 5-18 所示。

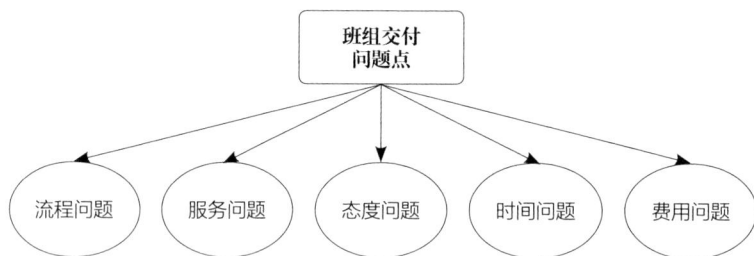

图 5-18　班组交付问题点

企业可针对这些问题，将其进一步细分。

1. 流程问题

在班组交付中，流程可能包含以下问题。

（1）没有提醒、确认付款方式。

（2）没有告知准确交付时间。

（3）没有预先告知班组交付流程及客户需要携带哪些资料。

（4）客户财务流程缺乏条理，耗时过多。

（5）没有进行详细的售后服务说明。

2. 服务问题

在班组交付中，企业的服务有时也存在欠缺，具体如下。

（1）客户到企业时，预约的销售顾问不在。

（2）人员分工不明确，部门之间没有良好的配合。

（3）服务不热情，让客户有种付了钱就应赶紧走人的感觉。

（4）客户的临时要求未得到有效处理。

（5）忽视一同到来的客户家人和朋友。

3.　态度问题

在班组交付时，企业负责交付的班组人员的态度可能存在以下问题。

（1）在未向客户说明的情况下将交付委托他人进行。

（2）销售顾问及其他交付人员与之前相比出现明显变化。

（3）客户疑问无人能明确解答，或一味搪塞。

（4）新产品功能介绍敷衍了事，缺乏耐心。

（5）交付过程中销售顾问频繁无故离场。

（6）办理相关手续时有催促、不耐烦等不合时宜的行为。

（7）交付时不能兑现下单时的相关承诺。

4.　时间问题

企业班组人员在交付时间上可能会有如下问题。

（1）企业生产、物料准备等原因导致原定交付时间延迟。

（2）客户到企业后等待时间过长。

（3）部门之间协调不好，导致手续办理耗费时间过长。

5.　费用问题

在班组交付时，可能会出现费用纠缠问题，具体如下。

（1）客户在产品交付前对价格有异议。

（2）所有票据额度和实际成交额度有差距。

5.5.3　问题点分析与讨论

随着业务不断扩展，企业在发展过程中难免会出现交付拖期的现象，类似现象会导致企业在班组交付执行过程中处于被动状态，严重的甚至会使企业面临违反合同而被罚款的可能性。企业需认真分析可能导致交付拖期的潜在原因，尽可能采取必要的措施来预防和解决交付拖期问题，确保交付项目利益最大化。下面针对以下问题点进行分析与讨论。

1. 合同交付期短

为解决交付拖期问题，企业要从合同签订之前开始把关，严格建立、把控合同评审制度。企业应留有一定时间余量，否则就算合同签订了也可能因无法满足合同交付期而面临罚款。

2. 未严格遵守合同

企业人员未严格遵守合同，抑或合同执行人员漠视交付合同拖期的概念，都会导致企业班组成员无法形成按合同办事、按期交货的意识。一般处于合同末端的生产班组人员的合同观念较浅，为此，增强合同意识、保证合同交付期是所有生产班组人员应尽的责任与义务。

3. 技术图纸资料未及时审批

在交付合同执行过程中，技术图纸资料需要得到客户的审批。如果客户或者受客户委托的咨询方不能及时对企业提交的技术图纸资料进行审批，或者设计变更迟迟不能确定，就有可能导致企业没有充足的时间进行物料采购等。由此引起的交付拖期通常是客户的责任，但前提是企业获得客户的书面认可。

4. 项目合同交付时间长

项目交付合同的准备时间和执行时间都比较长，合同规定的交付进度表带有一定的预测性。在实际生产过程中，项目进展往往会与交付进度表存在一定差异，如某些产品的实际交付时间早于合同规定的交付时间，而有些产品的实际交付时间又明显晚于合同规定的交付时间。对此，企业应以务实灵活的态度与客户协商调整交付进度表，并将新的计划分解传达给各班组。

图 5-19 所示为问题点的对策。

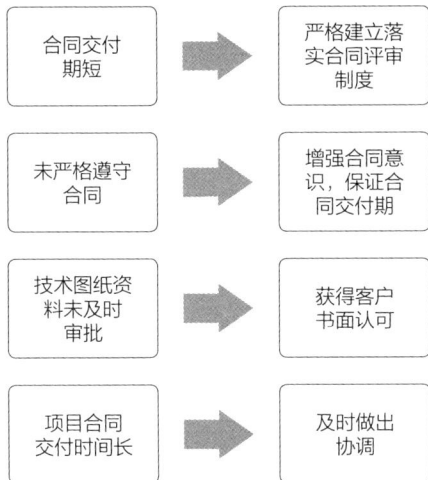

图 5-19　问题点的对策

　　产品交付是多种矛盾的集中体现，其问题点也较为复杂，解决交付拖期问题应从班组生产流程的多个方面着手分析讨论。

5.5.4　问题点实施计划输出

　　班组生产产品时，企业通过对产品交付过程的管理及问题点实施计划输出，特别是对交付中断情况的监控，可以使交付过程中出现的问题得到及时解决。某水泵生产企业对问题点实施计划输出的内容如下。

　　（1）经检验合格允许交付的泵产品，由市场部负责产品的运输、交付及一切与客户相关的商务活动。

　　（2）企业不采用所谓紧急放行制度，未通过检验的产品不得出厂，否则一切后果均由放行者负责。

　　（3）经检验不合格的产品，无论不合格程度多么低，均应在出厂前予以维修，直至检验合格才能出厂。

　　（4）客户对交付产品提出的任何质量投诉，均应由质检部门及时组织相关部门共同分析，查明原因，争取在最短时间内予以解决。

（5）客户提出的质量投诉，应由质检部门做好详细投诉记录，同时杜绝再次发生相似质量投诉事件。

（6）企业得到交付产品发生故障的通知后，售后服务部应立即派专业维修人员赶到现场并予以解决。若是因人为操作不当造成产品损坏的，应由技术部门联合销售部门按合同约定向客户说明，由客户承担相应的经济费用。发生违约事件时，应由企业管理层出面交涉，必要时按合同约定依法裁决。

图 5-20 所示为问题点实施计划输出图。

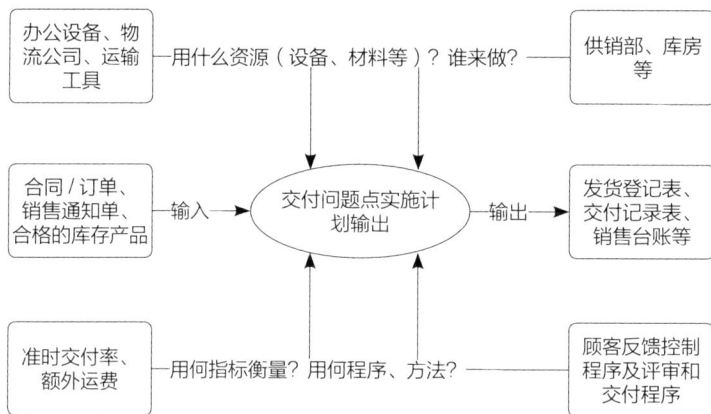

图 5-20 问题点实施计划输出图

企业在班组交付管理中遇到问题，可据此进行问题点实施计划输出。

5.5.5 班组计划管理

企业做任何事情都要有计划，这样才能做到有章可循，有的放矢。企业对班组的管理也同样如此，必须围绕班组计划管理流程不断进行优化。

一名优秀的班组组长除了可以教他的组员如何更好地做事之外，更重要的是要为他的团队制订目标、指明方向。

1. 班组计划管理的作用和特征

班组计划管理的作用在于指导和控制班组生产现场进度节奏，在规定的交付期内保障各分部分项工程互相搭接和配合的顺畅，有条理地指导和控制生产活动，并以最少的生产资源消耗取得较好的经济效益。先进的进度计划加上有效的控制，才能使企业获得显著的效益。

班组计划管理的特征如下所述。

（1）被动性。企业只有承接订单后，才能根据订单的要求制订生产计划。

（2）不稳定性。生产项目的规模，工期的长短，不可预见的生产影响因素等，都会导致计划的不稳定性，对此企业要进行相应调整。

（3）不均衡性。班组计划管理的不均衡包括生产阶段的不均衡及功效比例的不均衡等。

（4）逻辑性强。生产的工序烦琐、复杂，施工的先决条件要求高，各工种需要交叉生产。在计划的安排上要考虑相互之间的联系，上下工序的逻辑关系等。

2. 班组计划分类

班组计划按照不同的维度有不同的分类方式。

（1）按管理的范围划分为以下 3 类。

总进度计划。该计划是生产设备阶段的统筹计划，是对生产项目施工进度的总体统筹部署和安排，是具有纲领性、控制性、统筹规划性特征的生产进度控制计划。

分项进度计划。该计划是对单位生产或单项生产在总生产过程中针对复杂的部分，对其生产过程所作出的细致的时间安排。

班组生产计划。该计划是生产准备阶段的作业性和执行性计划，一般以月度或季度作业计划为主。

（2）按管理的时间划分为以下几类。

年计划。年计划由企业基层生产班组编制，先由生产部提出计划指标上报企业，企业经平衡后下达计划控制指标。

此外还有季计划、月计划、周计划。周计划是月计划的具体化，是使月计划任务进一步落实到班组，各个班组按周安排生产的计划。其内容一般仅包括生产数量、施工进度要求等。

5.5.6 班组计划异常反应机制建立

企业为班组制订的生产计划的周期通常较长，需要依据企业的生产能力和需求，预测未来较长一段时间各班组的产出内容、数量、劳动力水平、库存、投资和收入、利润等。在这段较长的时间内，谁也不知道明天和意外谁先来，因此企业必须建立班组计划异常反应机制，避免或降低因计划异常带来的损失。

1. 班组计划异常反应机制实施与控制

受生产、市场和采购方面实际情况变化的影响，班组计划生产量和实际生产量之间会有差异，这要求企业对班组计划异常反应机制的实施过程有所监测与控制。

生产活动会对交付计划产生直接影响。班组生产能力的变化，前一个周期任务的延期完成，废品的产生都可能影响交付计划的完成。另外，如停机、停工、准备时间的变化、可用原材料的减少等也都是建立班组计划异常反应机制要考虑的因素。这就要求企业保有一些过剩的班组生产能力，以便应对计划外的需求，并提高计划裕量。

在碰到班组计划异常情况时，企业可参考以下方法。

（1）净改变法。企业只对交付计划中有变动的部分进行局部修改，改动量比较小，如只改动部分产品结构、需求量、需求日期等。

（2）全重排法。生产交付计划完全重新制订，企业重新展开物料清单，重新编排物料需求的优先顺序。

2. 班组计划异常反应机制建立与处理人员素质要求

班组计划异常反应机制是由交付生产计划员或主管班组生产计划员负责编制的，它对处理人员的素质要求如下。

（1）熟悉企业产品和生产工艺，了解生产作业及物资供应情况，了解销售合同及客户要求。

（2）知道如何进行产品的搭配组合，以减少生产准备，合理利用资源。

（3）知道如何安排通用零部件生产，缩短交货期。

（4）时刻保持同市场销售、设计、物料、生产、财务等部门的联系和合作，以随时应对可能发生的问题，防患于未然。

（5）把实施和控制班组计划异常反应机制作为日常工作，以保证班组生产能正常进行。

表 5-10 所示为班组计划异常反应表。

表 5-10　班组计划异常反应表

部门		编号		日期		
订单号码		产品名称		完成日期	预定	
				实际		
异常原因	停电	机械故障	等物料			
拟定处理对策						
批示		生产管理室意见				

异常发生后，班组处理人员负责填表上报。

5.5.7 生产异常改善机制建立

所谓生产异常，是指因销售订单变更、交期变更及制造异常、机械故障等因素造成的产品质量、数量、交付期限脱离原先预定计划等问题。此类问题会导致企业的利润损失或信誉度降低，因此企业要建立生产异常改善机制。

1. 生产异常的原因探讨

企业在改善生产异常时应对生产异常情况进行探讨，企业班组生产异常的原因主要如下。

（1）销售接单管理不良，紧急订单多。

（2）产品技术性变更频繁。

（3）物料计划不周。

（4）制造过程质量控制不良。

（5）设备维护保养欠缺。

（6）排产计划不佳。

（7）能力与负荷失调。

2. 生产异常的改善原则

企业在改善生产异常时，应遵从以下原则。

（1）加强产销配合。

（2）完善设计，技术变更规范。

（3）妥善安排制造过程。

（4）完善物料控制。

（5）完善品质管理制度。

（6）建立及实施生产绩效管理制度。

3. 生产异常的改善对策

企业调查出生产异常原因后，应针对原因提出改善对策，具体如下。

（1）合理调整作业配置，提升现场督导者的管理能力。

（2）确定外协、外包政策。

（3）谋求缩短生产周期。

（4）加强岗位、工序作业的规范化，制定作业指导书，加强过程质量控制，确保作业和产品质量。

（5）加强教育训练，提升员工的沟通能力，提高生产班组组员的工作意愿。

图 5-21 所示为生产异常处理流程图。

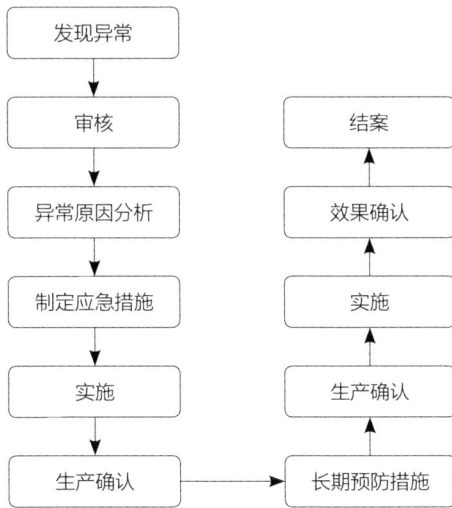

图 5-21 生产异常处理流程图

企业在班组生产过程中遇到异常情况，可依据此流程进行改善。

5.6 班组安全

班组安全既需要获得企业领导层的关注，也需要具体落实到每一个班组的工作中。班组安全的管控需要企业建立完善的安全管理机制，让相关人员明确职责，积极开展安全活动，以预防风险的发生。

5.6.1 现场安全管理组织优化

企业生产现场是容易有事故隐患的场所。现场安全管理就是运用科学的理论、方法和手段，对现场的人（操作者）、机（生产设备）、物（物料）、法（操作法）、环（现场环境）等因素进行合理配置，通过管理和消除物的不安全状态与人的不安全行为，来保证现场按预定的目标实现安全生产。

1. 现场安全管理小组设置原则

现场安全管理小组由组长、副组长、安全员、组员组成，其设置原则如下。

（1）现场安全管理小组办事机构设在综合办公室，承办具体日常业务。

（2）企业总经理任现场安全管理小组组长，是现场安全的第一责任人。

（3）企业总经理助理任现场安全管理小组副组长，负责各班组安全文明生产具体事务，协助组长开展现场安全管理的检查、监督、管理工作。

（4）结合企业情况，设置安全员若干，由质量部成员兼任。安全员必须通过企业、地方职能部门、第三方安全资质机构等的考核。

（5）组员为各部门第一负责人。

2. 现场安全管理小组管理职责

企业现场安全管理小组各岗位职责如下。

（1）组长。认真贯彻安全第一、预防为主、综合治理方针，负责健全和领导现场安全保证体系，组织并参加现场安全检查，认真执行对特殊岗位的特殊管理工作。

（2）副组长。协助组长工作，主持和参加企业现场安全会议，组织开展企业现场安全危险源辨识和风险评估工作等。

（3）安全员。贯彻落实企业现场安全管理制度，做好对班组的日常例行检查，发现安全隐患等。

（4）组员。组员是部门安全的第一负责人，对本部门内发生的所有现场安全事故负责。

5.6.2　安全管理 KPI 导入

安全管理 KPI 是指基于安全生产方针和目标，控制和消除风险所取得的可测量结果。安全管理 KPI 结果能确保企业安全生产方针和目标的顺利实现，并能够总结推广安全管理经验，激励企业各级领导干部。

1. 安全目标

安全管理 KPI 采用扣分制，发生安全事故扣分，不发生为满分，在一些情况下，会设置增分条件，后面会详细讲述。其中，安全目标考核内容如下。

（1）发生工亡事故、重伤事故、火灾事故、交通事故、危化品事故、特种设备事故等扣分。

（2）设备事故造成的直接经济损失超企业下达的考核指标，扣分。

（3）火灾事故造成的直接经济损失超企业下达的考核指标，扣分。

（4）环境污染事故造成的直接经济损失超企业下达的考核指标，扣分。

（5）轻伤事故超企业下达的考核指标，扣分。

（6）隐患自检率及整改合格率不足企业下达的考核指标，扣分。

2. 安全基础管理

安全基础管理考核标准如下。

（1）层层签订安全目标责任书，严格执行安全生产组织人员保证体系。

（2）安全台账、安全记录等资料的内容真实完整。

（3）各种计划、总结、报表上报及时。

（4）积极开展安全教育。

3. 安全检查和隐患治理

安全检查和隐患治理的考核标准如下。

（1）按规定的频次和项目要求进行安全检查。

（2）落实上级下达的隐患整改项目，并按计划完成治理。

（3）对暂时不具备整改条件的隐患，制定可靠的监控措施和应急方案。

4. 生产现场安全管理

生产现场安全管理的考核标准如下。

（1）严格执行危险作业许可制度，作业前进行风险分析，制定控制措施。

（2）作业现场警示标识符合要求，配备必要的安全防护用具及消防设施与器材。

（3）严格执行操作规程，不违章作业。

（4）严格执行检修作业前的安全条件确认及作业完成后的安全验收。

5. 安全管理 KPI 增分条件

安全管理 KPI 不能只有扣分，还要有增分，增分条件如下。

（1）风险高、管理难度大的单位可增分。

（2）及时发现重大事故隐患并避免了重大事故的发生，经企业确认后可增分。

表 5-11 所示为安全管理 KPI 考核表。

表 5-11　安全管理 KPI 考核表

企业 logo		安全管理 KPI 考核表		部门：	
KPI	标准	说明	目标分值	考核值	数据来源

安全管理 KPI 的导入和使用，能帮助企业更好地落实安全生产，避免不必要的损失。

5.6.3　围绕安全管理 KPI 开展安全管理对策

安全管理 KPI 可以对班组员工的行为进行引导，有效统一班组的现场行为，不仅能成为激励、约束班组员工行为的新型机制，还可以让企业安全管理体系尽快落实。

1. 安全管理 KPI 导入过程中的阻力

任何严格的考核系统在导入时都会或多或少地受到阻力，安全管理 KPI 的导入亦是如此，其原因如下。

（1）安全管理 KPI 系统的建立，涉及班组内的利益分配问题。

（2）安全管理 KPI 导入会改变班组员工已有的工作行为习惯及心理状态，使他们的压力增大。

（3）部分班组员工在安全管理能力方面可能暂时无法达到安全管理 KPI 标准体系及指标体系的要求，因此他们会故意施加阻力。

（4）大部分班组员工受到大量负面舆论的影响，选择随波逐流。

2. 如何围绕导入安全管理 KPI 开展安全管理对策

减少安全管理 KPI 导入的阻力，是一项极为重要的工作，具体对策如下。

（1）改变班组员工的薪资结构，将月度所发薪资分解出对应考核部分，并适当提高薪资水平。

（2）定期（一般为半年或年度）开展员工表彰大会，以相应阶段的安全管理 KPI 考核平均分数为主要依据，对绩效突出的班组员工发放奖金、物品奖励并颁发荣誉证书。

（3）在总经理办公室外或企业办公楼一层大厅显眼位置设立形象展示板进行宣传，以点带面激励员工工作的积极性、主动性。

（4）对相关班组员工进行培训，使员工了解安全管理 KPI 的相关标准和指标，消除陌生感，改变员工对考核的看法。

表 5-12 所示为安全管理教育培训计划。

表 5-12 安全管理教育培训计划

分类	具体内容	人次
特种作业培训		
其他培训		
核准：	审核：	

安全管理 KPI 是绩效管理中行之有效的测评系统，在推行初始阶段总会受

到种种阻力。企业只有排除万难，坚持下去，安全管理 KPI 才会成为企业成功的重要推手。

5.6.4　工位安全管理标准导入

为有效防止生产现场安全事故的发生，满足企业利润最大化的要求，确保生产过程中的安全管控，企业需要就班组生产工位制定安全管理标准。

1.　工位安全管理重点

生产现场班组工位安全管理重点如下所述。

（1）对员工在烤火作业、焊接作业、高空作业、吊运作业、打磨作业、跨越地沟作业中可能受到的伤害进行管控。

（2）对员工在操控电焊机、手持电动工具、操作生产设备等作业中可能受到的伤害进行管控。

（3）对员工在存放物料时可能受到的伤害进行管控。

（4）面向员工进行安全教育培训、特种作业管理培训、特种设备管理培训、消防设施管理培训、班前安全喊话等。

（5）对员工在生产现场环境中可能受到的伤害进行管控，如进行现场定置、现场清扫等。

2.　工位安全防范对策

企业明确生产现场班组工位安全管理重点后，需要制定具体防范对策。以下是企业可借鉴的工位安全防范对策要领。

（1）员工在烤火作业、焊接作业等高危作业中要严格按照要求穿戴劳动保护用品，按照企业制定的生产安全管理标准进行工位自检或由班组组长进行检查。

（2）员工在操作机械设备时，要按企业标准定期检查机器是否完好，电源线绝缘层有无破损，插头是否完好等。

（3）员工在存放物料时应充分考虑安全通道，转运大部件时起吊应由起重工统一指挥操作，钢丝绳、吊具符合要求，物料按规定摆放等。

（4）新员工必须通过三级安全教育考试后方可上岗作业，特种作业人员及特种设备操作人员必须持证上岗，特种设备必须定期检查等。

（5）所有物品必须放在定置区域内，生产过程中必须一作业一清洁，完工后彻底清扫现场等。表 5-13 所示为工位安全定置图与防范要点。

表 5-13　工位安全定置图与防范要点

管控类别	编号	管控点	伤害类别	安全防范对策要领
人				
机				
料				
法				
环				
审核：			批准：	

企业应依据管控内容填写此表，并进行公示。

5.6.5　现场危险源排查与治理导入

现场危险源具有潜在的特殊性质，只有在一定的条件下才会发展为事故。

因此，在班组日常管理中，企业如何辨认出潜在的现场危险源并对其进一步排查与治理就显得至关重要。

1. 现场重大危险源分析

企业为求能够迅速查出危险源，应采取如下两种预先分析方法。

（1）调查危险源。企业应先对班组生产目的、工艺过程、操作条件和周围环境进行调查，形成较为充分的了解；然后再按照经验和同类生产中所发生的问题，分析此次调查对象是否也存在类似情况，以查找可能造成人员受伤、导致物质损失的危险源。

（2）识别危险因素。潜在的危险源往往是很难辨别的，企业只有采取系统的识别方法才不会造成遗漏。

大部分生产现场存在的主要伤害为触电、物体打击、机械伤害、火灾伤害、起重伤害等。企业应围绕这些危险源类型形成对应的识别方案，有针对性地加以鉴别。

2. 安全生产检查

安全生产检查是指对班组生产过程及安全管理中可能存在的隐患、有害与危险因素、缺陷等进行查证，以确定隐患或有害与危险因素、缺陷的存在状态，以及它们转化为事故的条件，以便治理现场危险源，消除隐患、有害与危险因素、缺陷等。安全生产检查工作必须分级进行，如图 5-22 所示。

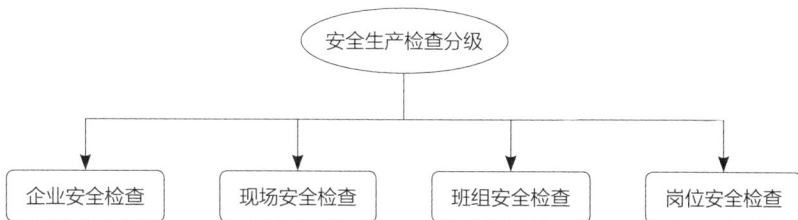

图 5-22　安全生产检查分级

安全生产检查分级的具体侧重点如下所述。

（1）企业安全检查：企业进行的全面安全检查，对本企业的安全、消防、设备、工艺等进行安全生产综合检查。

（2）现场安全检查：重点放在班组员工操作、设备设施、作业环境等人的不安全行为和物的不安全状态方面。

（3）班组安全检查：重点是检查本班组作业活动范围内的工艺运行、员工行为、联保互保、未遂事故等情况。

（4）岗位安全检查：班组内各岗位员工进行的自查、互查，重点主要放在设备隐患和违章操作两个方面。

5.6.6　现场安全巡检规范制订

企业通过加强现场安全巡检工作，可以规范和完善班组生产现场工作秩序。企业通过运用科学的巡检规范制度、标准和方法对现场各要素进行合理有效的计划、组织、控制，确保班组生产现场安全及产品质量安全。

企业指定的项目安全员应定期或不定期对所监督的班组进行安全巡检，每次安全巡检的内容须及时填入该工程的安全员现场安全巡检记录表中，如表5-14所示。

表5-14　安全员现场安全巡检记录表

项目名称：		生产班组：		编号：	
检查工序	存在问题	安全员提出的处理意见		复查、整改情况	
		整改意见	整改负责人	时间	整改情况

安全巡检主要工作内容如下所述。

（1）安全监督过程中，应始终贯彻"查思想、查制度、查人员落实、查措施、查隐患"的五查思想。

（2）检查使用的生产机具及安全网是否按规办理并拥有准用证。

（3）检查生产现场作业人员是否已接受上岗前的安全教育，并持有安全知识考核合格证，生产班组是否坚持开展定期的安全教育活动。

（4）检查特种作业人员是否已按规定取得特种作业操作证并按规定参加年审培训。

（5）监督生产班组按照规定的工作程序和要求组织生产开展，及时发现并纠正生产作业人员的违规行为。

（6）督促、检查生产班组按企业要求落实各类安全隐患的整改措施。

（7）督促生产班组及时报告安全事故，督促生产班组按四不放过——事故发生的原因未查清不放过、事故发生班组的员工未受教育不放过、未采取积极的防范措施不放过、事故责任人和事故发生班组有关领导未受处理不放过的原则进行检查，处理好每一宗安全事故隐患。

5.6.7　危险预知训练导入

危险预知训练即危险预知活动，是针对生产特点和作业全过程，以危险因素为对象，以作业班组为团队开展的安全教育和训练活动，它是一种群众性的自主管理活动。危险预知训练可以增强班组成员对危险的感受性、对作业的注意力及解决问题的能力，从而控制作业过程中的危险，预测和预防可能出现的事故。

1. 危险预知训练实施

危险预知训练实施由班组组长选定训练内容，召集约 7 位班组成员，先简单介绍训练的内容，而后通过以下步骤导入危险预知训练。

（1）掌握现状。班组成员以现场、现物为中心，轮流分析找出潜存的危险因素，并预测或预见可能出现的后果。

（2）追求根本。班组成员从所发现的危险因素中找出 1~3 个主要危险因素。

（3）制订对策。班组成员针对主要危险因素，分别制订出具体且可实施的对策。不同成员提出的对策各有不同，并没有标准答案，但必须切实可行且不违背法规。班组组长可以择优选取合并成一两项最可行的对策。

（4）目标设定。班组组长应统一小组思想，在所有对策中选出最优化的重点安全实施项目，并设定为小组行动目标。此外，为达成共识、加深印象，班组组长要带领全体成员以手指口述的方式共同确认小组行动目标。

活动结束后，全体成员手动签名，班组组长要对所举行的危险预知训练情况进行评价，提出改进意见并宣布下一次活动内容。

2. 危险预知训练要点

班组组长在实施危险预知训练时，有以下 6 个要点需要注意。

（1）班组组长应充分发挥组织和引导作用，调动每一个人发言的积极性，防止训练变成班组组长的独角戏。

（2）流程要正确，必须严格按照前文所提的 4 步走。活动过程要清楚，确保每一步都达到所要求的目的且抓住重点，不能含糊混淆。

（3）表格填写要规范正确。表 5-15 所示为危险预知训练记录表。

表 5-15 危险预知训练记录表

员工危险预知训练记录		安环经理	部门经理	车间主任	班组组长
日期:	班组:	训练主题			
危险类型		图示			
成员	存在危险因素	安全类别	对策	责任人	确认人

危险预知训练结束后，班组组长要认真填写此表。

（4）班组找出的危险因素应描述准确，对策措施要具体可行。

（5）班组行动目标重点突出、简练，要求针对本岗位作业，不能千篇一律。

（6）班组制定的对策必须落实，防止训练成为形式主义，无法落到实处。

5.6.8 安全管理指标制订

为更好地执行安全生产标准化管理，竭尽全力控制重大伤亡事故的发生，确保员工的生命安全，避免经济蒙受巨大损失，企业应制订班组安全管理指标。

1. 安全管理指标制订工作方向

为达到杜绝重大与特大安全质量事故，避免较大安全质量事故，减少一般与轻微安全质量事故的目的，企业在制订班组安全管理指标时可按照以下 3 个方向进行。

（1）建立安全管理机构，配备必要的工作人员。

（2）健全各项目管理制度，其中必不可少的内容包括安全检查制度、隐患排查制度、重大危险源监控和应急救援制度、安全奖惩教育培训制度。

（3）落实监督检查制度，加强教育力度，严格考核处罚，及时总结经验教训。

2. 安全管理指标分类

安全管理指标分为以下两大类。

（1）安全管理体系的建立健全与实施效果。这一类指标主要包括是否按要求完善安全管理机构（例如管理制度完善程度、管理人员配备是否符合需要、监督检查机制落实程度）、事故处理绩效（包括反应速度、处理方案、处理结果）占年度绩效总额的比例等。该类指标以一个年度为考核周期，由企业董事会进行综合评定。

（2）安全质量事故考核指标。这类指标包含以下内容。

①班组发生特大、重大安全质量事故，由董事会决议解聘相关人员并扣除年度全部绩效，同时给予单项处罚。

②班组发生较大安全质量事故，由董事会决议解聘相关人员并扣除年度全部绩效的一定比例，同时给予单项处罚。

③班组发生一般安全质量事故，扣减相关人员一定年度绩效并可给予单项处罚。

④班组发生轻微安全质量事故，扣减相关人员一定年度绩效。

5.6.9　现场危险源风险等级评价管理导入

现场是企业最易发生安全事故的地方，而事故发生的主要原因包括危险源辨识不充分，风险等级评价不恰当，控制措施不落实等。企业对现场危险源风险等级评价进行管理，可以发挥预先防范的效果，为安全生产管理奠定坚实的基础。

1. 现场危险源风险等级评价管理系统中各部门的职责

现场危险源风险等级评价管理系统中，各部门的职责如下。

（1）管理者代表：负责危险源辨识、风险等级评价及风险控制工作，批准重要危险源清单。

（2）质量部门：负责危险源收集、风险等级更新汇总，负责组织风险等级评价，确定重要危险源及控制措施，定期进行诊断、监测。

（3）其他相关部门：负责本部门危险源辨识、风险等级预评价及风险控制。

2. 现场危险源风险等级评价

企业想要做好现场危险源风险等级评价，就要有具体的依据。风险等级评价的依据一般有以下几个。

（1）企业的危险源汇总表。

（2）职业健康安全法规、标准和其他要求。

（3）企业曾发生过的事故、职业病及整改情况。

（4）相关方的利益和要求。

企业应如何判定重要危险源？一般来说，有以下 5 种情况之一的可以直接判定为重要危险源。

（1）不符合职业健康安全法规、标准和其他要求的情况。

（2）包括员工在内的相关方重点投诉或抱怨的情况。

（3）曾经发生过重大事故，尚无合理有效控制措施的情况。

（4）直接观察到可能导致重大危险和行为性危害的情况。

（5）列入国家标准的危险物质，如爆炸性物质、易燃性物质、活性化学物质和有毒物质，且超过临界量。

除上述情况外，企业还可采用作业条件危险性评价法（LEC 评价法）对重要危险源进行识别。

3. 现场危险源风险等级评价管理步骤

对现场危险源风险等级评价管理有以下 3 个步骤。

（1）质量部组织工会、生产部门、设备部门、采购部门、办公部门对企业的危险源汇总表进行逐条分析，确定重点危险源，并汇总成企业的重要危险清单上报管理者代表，管理者代表批准后下发。

（2）对列入国家标准的危险物质且超过其临界量的重要危险源，经由管理者代表批准后，由质量部门上报当地安全主管部门备案并建立档案，定期进行评价、监测。

（3）质量部门将重要危险源评价结果下发给相关部门和班组，作为建立目标、优化管理方案和运行控制程序、制订应急救援预案的依据。

5.6.10 现场危险源风险等级评价开展

企业对于现场危险源风险等级评价可以采用 LEC 评价法。LEC 评价法是对潜在危险环境中的危险源进行半定量的安全评价方法，此方法采用与系统风险率相关的 3 种因素之积来评价环境中的人员伤亡风险大小。

这 3 种因素的内容具体如下。L 代表事故发生的可能性，E 代表人体暴露于危险环境的频繁程度，C 代表一旦发生事故会造成的后果。总风险分值的计算公式为 $D=L \times E \times C$，即 D 的分值越大，危险性越强，企业需要对相应班组增加安全措施，或降低发生事故的可能性，或减少人体暴露于危险环境中的频繁程度，或减轻事故损失。

在开展现场危险源风险等级评价时，企业应对 LEC 3 种因素加以拆分，并根据实际情况计算分值，以便清楚得知企业现场危险源风险等级。

表 5-16 所示为 L 分值表。

表 5-16　L 分值表

分值	事故发生的可能性
10	完全可以预料
6	相当可能
3	可能，但不经常
1	可能性小，完全意外
0.5	很不可能，可以设想
0.2	极不可能
0.1	实际不可能

企业根据自身情况，预测事故发生的可能性，得出 L 分值。

表 5-17 所示为 E 分值表。

表 5-17　E 分值表

分值	人体暴露于危险环境的频繁程度
10	连续暴露
6	每天工作时间内暴露
3	每周一次，或偶然暴露
2	每月暴露一次
1	每年暴露几次
0.5	非常罕见的暴露

企业根据自身情况，得出员工暴露于危险环境的频繁程度，得出 E 分值。

表 5-18 所示为 C 分值表。

表 5-18　C 分值表

分值	发生事故会造成的后果
100	大灾难，许多人死亡
40	灾难，数人死亡
15	非常严重，一人死亡
7	严重，有人致残
3	重大，有人重伤
1	引人注目，需要救护

企业将各种因素所得分数相乘，得出 D 值，将 D 值与现场危险源风险等级划分标准中的分值相比较。表 5-19 所示为危险源风险等级表。

表 5-19　危险源风险等级表

D 值	风险级别	危险程度
大于 320	一级	极其危险，不能继续作业
161 至 320	二级	高度危险，要立即整改
71 至 160	三级	显著危险，需要整改
20 至 70	四级	一般危险，需要注意
小于 20	五级	稍有危险，可以接受

5.6.11　现场危险源源头控制与改善活动开展

员工生命健康及企业经营安全日益被当今的企业所重视，班组现场生产安全更是尤为重要。企业通过开展现场危险源源头控制与改善活动，可以帮助全员掌握危险源识别的方法。企业发动班组全员在企业范围内对危险源源头进行识别与控制，发现工作环境中各类隐藏的危险源，从而对识别出的危险源进行消除、改善或可视化，进而消除安全隐患、实现安全生产。

1. 现场危险源源头控制与改善活动组织

现场危险源源头控制与改善活动组织单位有精益推进办公部门、质量部门、生产制造部门等，其责任分工如下所述。

（1）精益推进办公室负责活动策划、培训支持、效果评审。

（2）质量部门负责活动实施、过程监督、结果与成果汇总。

（3）生产制造部门负责组织培训及答疑解惑。

2. 现场危险源源头控制与改善活动阶段

现场危险源源头控制与改善活动共有 4 个阶段，分别为培训阶段、识别阶段、改善阶段、总结阶段。

（1）培训阶段。该阶段主要确立培训时间及方式，培训方式一般有集中培训与自主培训。

①集中培训：由精益推进办公室负责，分 4 个批次对全企业的所有车间主任、班组组长进行集中培训。

②自主培训：由车间主任督导、班组组长负责，按班组对一线员工进行培训。

（2）识别阶段。该阶段主要以班组为单位，发动全员进行危险源识别。各班将每位员工识别出来的危险源信息进行分析、统计、汇总，再由车间进行二级汇总，上报至精益推进办公室与质量部门。

（3）改善阶段。该阶段根据识别报表进行危险源源头控制与改善，各相关部门内部按班组、车间、部门次序将控制与改善结果进行逐级提报，具体提报时间与方法自定。

（4）总结阶段。该阶段一般有 4 种活动总结方式，如图 5-23 所示。

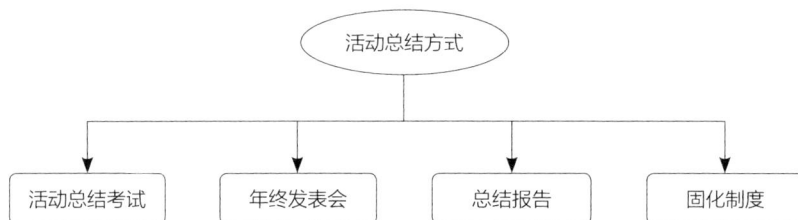

图 5-23　活动总结方式

企业应按图 5-23 所示的 4 种活动总结方式对活动结果进行有效总结。

5.6.12　现场安全管理制度优化

企业为坚决执行国家的劳动保护政策、法规、条例、标准、制度，改善精益安全现场，应对班组现场安全管理制度不断进行优化。

1.　有毒有害作业劳动保护制度

企业应根据国家关于劳动保护的有关法律、法规及标准，在员工进行有毒有害作业时提供有效的预防措施，以防止职业病的发生。

（1）针对在有毒有害场所作业的员工，企业要及时发放相应的劳动保护用品，保证员工人身安全。

（2）在进行有毒有害作业前，员工要进行有关有毒有害相关知识的学习和安全教育。

（3）在工作时，员工要进行有毒有害作业的安全技术交底。

（4）企业对有毒有害作业工作要采取组织措施和技术措施，针对员工人身安全采取有效的劳动防护措施。

（5）企业对上级政府和主管部门下达的有关政策要认真贯彻执行，确保劳动保护工作落实到位。

2.　生产现场消防安全制度

一旦发生火灾，无论是对企业还是员工，其伤害都将是巨大的。因此，消防安全制度向来是生产现场安全管理制度中不可缺少的一部分。以下为班组生产现场消防安全制度，各企业可据此优化自身安全管理制度。

（1）积极开展安全防火教育，增强员工安全意识，做好生产现场消防保卫工作。

（2）生产现场要配置足够的灭火器材，任何人不得随意动用，违者罚款。

（3）成立以企业分管生产的副经理为首的义务消防队伍，队员在10~15人。

（4）建立动火审批制度和消防灭火措施，辅助整理。

（5）定期进行消防综合检查，发现问题限期整改。

5.7　班组人员管理与激励

团队的长青之路从员工和管理层组成共同体开始。这样的共同体应能合理利用班组内每位成员的知识和技能协同工作、解决问题，实现共同目标。当班组实现目标之后，企业就应给予一定的激励，并把握好激励的度。激励如果少了会引起员工的不满，如果多了会造成员工的懈怠。

5.7.1　班组人员构成特点

班组人员构成特点包括其复杂多变的人际关系。班组组长应适应这种人际关系，逐步摸清如何处理和影响班组人员的人际关系，从中找出规律及因果关系。班组组长应积极运用行为科学的方法，艺术性地处理班组内的人际关系。这也同时在考验和锻炼班组组长的领导能力。

班组组长可通过制定班组人员构成表，根据班组人员不同身份进行相应的处理，如表5-20所示。

表5-20　班组人员构成表

部门用工制度	企劳制	企聘制	改制聘员	大学生	社会雇员制	合计

除此之外，班组组长还应掌握描述本班组人员构成特点的多种方法，具体如下。

（1）切实。人际关系在社会生活中无处不在，因此班组组长要根据实际状态采取切实可行的处理方法，切忌使用理想化的简单方法。

（2）灵活。人际关系的复杂性决定了班组组长在处置时应根据时间、地点和氛围等多种环境因素采取灵活的处理方法。同时，班组组长还应该高度重视班组人员的情感因素，毕竟人都是感性的，而感性体验很可能影响员工的工作状态。

（3）理解。班组组长对班组人员多层次的需求应有足够的认识和理解，针对不同的层次需求与他们进行思想交流，并努力创造条件满足其需求。

（4）关怀。每个人都有被人关怀的欲望，班组组长对班组人员给予关怀是其必须进行的工作。

5.7.2　班组人员空间配置

对班组人员来说，踏入社会之后，人生的大半辈子都将耗费在社区和企业生产现场这个大环境中，因此他们自然会关心这些场所的设计是否适合自己，是否会影响到自己的绩效。班组人员空间配置就是将不同组件装配在更方便员工使用的位置，从而为他们准备好能推动成长的工作环境。

班组人员空间配置有四大原则，即重要性原则、使用频率原则、功能性原则、使用顺序原则。这四大原则中，前两项大多用于决定班组生产所需中大型组件的大概位置，后两项则更多用于决定小型组件之间的相互关系。

在班组人员的作业空间中，各控制器的间距应有一个最低限度，以免在操作时发生意外启动邻近控制器的状况。影响最低间距的因素有两方面，其一是人体的尺寸组合，如手指和手部，其二是正常生理运动移动的精确度。

除此之外，个别班组工作处所的空间，无可避免地需要班组做出某些妥协，且需要运用某种优先顺序来协助取舍。这些优先顺序如下。

（1）第一优先：主要视觉作业。

（2）第二优先：与前者具有交互作用的主要控制器。

（3）第三优先：控制器应该靠近其关联显示器。

（4）第四优先：按顺序使用的组件配置。

（5）第五优先：经常使用的组件应安排在方便的位置。

（6）第六优先：考虑与系统内或其他系统的空间配置的一致性。

5.7.3　班组人员时间管理

任何一项活动都离不开时间资源，班组的生产活动更是如此。时间资源是无法取代的，倘若时间被挥霍了，就再也无法失而复得。班组人员时间管理需要探索如何减少班组人员的时间浪费，以便有效地完成既定目标。

1. 班组人员时间管理问题

企业在班组人员时间管理中，难免会遇到以下问题。

（1）工作缺乏计划。班组人员可能过分强调知难行易而未能在行动之前多思考，也可能觉得不做计划也能获得实效，导致不了解做计划的好处。此外，多数班组人员拟定的计划与事实之间极难趋于一致，容易对计划丧失信心，不知该如何做计划。

（2）组织工作不当。此类问题产生的原因包括班组组长职责权限不清，工作内容重复；班组组长事必躬亲，亲力亲为；班组组长与下属沟通不当；工作时断时续。

（3）时间控制不够。此类问题产生的原因包括习惯拖延时间，不擅处理不速之客的打扰，不擅处理无端电话的打扰，被繁多的会议困扰。

（4）整理整顿不足。此类问题的主要内容包括未能整理出必要的事情和必要的东西，未能把不必要的东西清理干净，未能整理和整顿时间，未能充分处理工作有限顺序等。

（5）进取意识不强。此类问题主要表现为员工个人的消极态度，做事拖拉，找借口不做工作，工作中闲聊或做其他事等。

2. 班组人员时间分配

班组人员时间分配可通过班组人员时间分配表来呈现，以便于管理。表5-21所示为班组人员时间分配表。

表5-21　班组人员时间分配表

部门：		班组：
工作时间	工作内容	工作目的

班组组长的时间分配可通过提前留出余量进行管理。班组组长的主要工作可以分为5类：无论如何必须要做的事，如参加会议等；重要并应该做的事（第一领域）；重要并想做的事（第二领域）；归纳整理等杂事（第三领

域）；其他时间。

班组组长在利用提前留出余量方式进行时间分配的时候，要注意以下要点。

（1）如果不先做第二领域的事，那么最终结果肯定是只把第一、三领域的事完成了。

（2）最初应预留出一定的其他时间。

（3）接打电话、处理邮件等工作可在归纳整理后统一进行。

5.7.4　班组人员绩效管理

绩效管理是班组管理中必不可少的部分。企业想要做好班组人员绩效管理，首先要明确班组的整体工作，然后找到工作做得好坏的衡量标准并进行监测。对于做得好的班组人员企业应进行奖励，使其继续保持或做得更好，以期能够完成更高的目标。班组人员绩效管理更重要的是发现人员绩效问题，通过分析问题找到根源并进行改正，从而使工作做得更好。

1. 绩效目标选择的原则

在班组人员绩效管理中，班组组长选择绩效目标时不能盲目，而要遵循以下 5 个原则。

（1）具体。设定目标一定要具体，目标不可以是抽象模糊的。

（2）可量化。目标要可量化。

（3）有挑战性。目标要具有挑战性，但一定要可以达成。

（4）相关联。设定的目标要和岗位的工作职责相关联。

（5）时间要求。对于设定的目标，要规定在什么时间内达成。

班组人员绩效管理的重要内容就是班组人员绩效考核管理。班组人员绩效考核管理要用数据说话，这些数据一般包含在线数据、记录数据、检查数据、结果数据及反馈数据。

2. 绩效考核发布的优势

绩效考核发布可发挥 3 方面的优势，如下所述。

（1）显示对被考核者的尊重。

（2）提醒审核，防止出错。

（3）对比分析，使竞争更加激烈。

3. 绩效考核面谈法

企业进行班组人员绩效考核时，可以采取绩效考核面谈法，具体步骤如下所述。

（1）营造氛围。

（2）引入主题。

（3）认真倾听。

（4）给予反馈。

（5）给予资源。

最后，班组组长应向上级汇报班组人员绩效，提出给予优秀员工薪酬提高、晋升升级等奖励。

5.8 如何向班组人员下达工作指令

在 IT 领域，指令是人们指挥计算机执行基本动作的命令，没有指令，人们就无法应用计算机进行工作。在企业班组管理中，指令的运用也是如此。企业若不能精准下达工作指令，班组人员就无法完成企业的目标，也无法开展基本的工作。

5.8.1　工作指令的常识

班组下达的工作指令是否有效，最基本的衡量标准在于是否"准确"。工作指令一定要清晰、明确，要充分表达指令目标，也要考虑班组人员的理解能力与接受能力。

工作指令是班组组长与班组人员沟通的重要内容，它不仅要通知班组人员应该做什么，还要把要求班组人员承担的工作内容、标准要求、应该承担的责任及奖励承诺等一一传达给班组人员。相比之下，少数部门领导总喜欢含糊其词，让班组人员自己去猜，这不仅不利于班组人员执行任务，还会影响最终的工作成果。

老李是一家企业的车间主管。一次，部门的物料出现了一些空缺，于是，老李让采购组小张去联系采购部采购物料。小张问他有什么要求，老李想了想，说："合适就好。"听了这要求，小张是丈二和尚摸不着头脑："什么叫合适就好？这要求和没说有什么区别？"最后，采购来的物料基本不符合老李的预期，这下轮到老李头痛了。

在实际工作中，不少部门领导都会犯老李的错误，喜欢下达一些不着边际的工作指令，甚至一时心血来潮想到某件事，就马上交代班组人员去做。这会让班组人员很迷茫，不知该从何入手，手头本来在做的工作还会因此被耽误。当班组人员办事不力时，很多部门领导可能会觉得，当初把这个人招进企业的时候感觉他很有头脑，怎么现在工作能力却如此低下？事实上，当下属总是无法按照你的要求完成任务时，部门领导也应该反思一下自己。因为即使是再有能力的人，如果接受的工作指令不准确、不清晰，也很难完成任务。

5.8.2　正确下达工作指令的 5W2H 法

为了让班组准确高效地完成其所承担的任务目标，企业在下达工作指令时，可使用 5W2H 法，如图 5-24 所示。

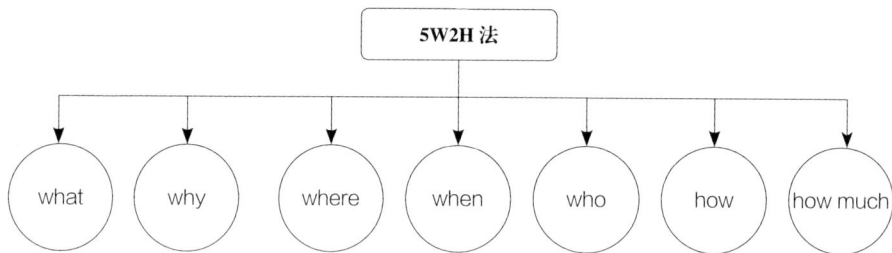

图 5-24　5W2H 法

1. 5W2H 法

5W2H 法的具体诠释如下。

（1）what，执行什么工作？

（2）why，为什么要做这项工作？

（3）where，什么地点？

（4）when，什么时间？

（5）who，向谁传递工作指令？

（6）how，采用什么方式完成工作？

（7）how much，预算如何？

在下达工作指令时，领导如果能够将这 7 个要素说清楚，工作指令就会变得易于理解，这样下属就能够接收到全部信息，工作起来会更加高效。

2. 使用 5W2H 法的注意事项

使用 5W2H 法下达工作指令时，还要注意以下几点。

（1）用语要得体。领导不应借下达工作指令来表现自己的权威，更不要咄咄逼人。无论是部门领导面向班组组长，还是班组组长面向班组人员，下属与领导在人格上是平等的。领导只有尊重下属，才能赢得下属的尊重。所以，领导在下达工作指令时，要多用"请""我们"等表示平等、礼貌的用语。

（2）尽可能激发下属的主动性。引起下属对某项工作的兴趣，让其主动请缨承诺，这样做的效果会远远好于他们被动地接受工作指令。因此，领导在下达工作指令时尽量不要使用"你必须""你只能"等绝对的用语，可以给下属一定的自主权，让下属有自由发挥的空间。这样，下属执行工作指令的积极性和主动性才会增强。

（3）允许下属对工作指令提出意见。领导所下达的工作指令只是从管理层的角度和立场出发的，未必全面，适当让下属针对工作指令提出相关意见，可以集思广益，使工作指令更加完善。同时，这样也能实现双向互动，使领导与下属之间的沟通更加有效。

5.8.3　下达工作指令的 4 个技巧

在实施现场改善的过程中，领导应根据事先制定的工作标准及具体的工作需求，确定每一个工作指令。这样员工在按照工作指令完成工作的过程里，就能将工作标准具体落实到实际工作中。

领导在下达工作指令时，有以下 4 个技巧。

（1）用明确的数据限定工作执行结果。领导在把工作指令转化为具体的文字与数据的过程中，要用明确的数据限定工作执行结果。领导对工作执行结果做出明确限定，员工在执行工作指令时就有了明确的工作方向与目标，这样可以避免发生工作执行结果不符合要求的情况。

（2）用文字准确描述工作要求。领导如果想让员工准确理解工作指令，准确的文字表述是关键。大部分工作指令的要求都要通过文字来表现，如果文字表述不准确，将会大大增加员工理解的难度。但是，在实际工作中，很多企业都存在工作指令中文字表述不准确的问题。因此，领导要想用准确的文字描述工作指令，就要做到图 5-25 中的几点。

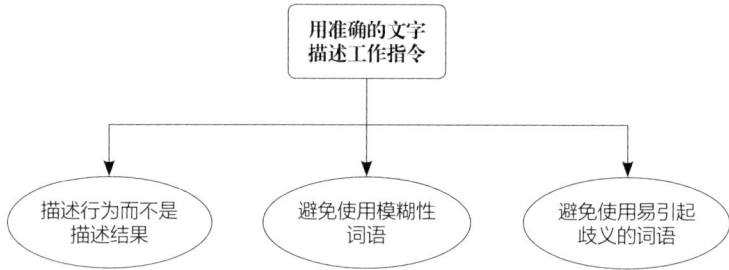

图 5-25　用准确的文字描述工作指令

（3）对工作完成时间做出明确限定。工作不只讲求质量，还讲求效率，在保证质量的同时提高效率，是管理的最终目标。领导在下达工作指令时，不仅要对工作质量做出限定，还要对工作完成时间做出明确限定。如果工作指令中缺乏对工作完成时间的限定，那么工作指令就失去了意义。

（4）将任务拆分为具体的结果。面对明确的工作任务，理想的任务分解就是将概念化的工作任务与工作目标分解为具体的工作结果。部门或班组划分任务时，领导需要在明确整体工作目标与工作任务的前提下，进一步确定各班组、各岗位应达成何种具体工作结果，才能最终实现集体的工作目标，完成工作任务。

6S 现场管理及改善

　　为适应时代发展的要求，保障自身稳定发展，企业经营管理的理念和方法也在不断地更新、升级。6S 现场改善理念的输入与融合，为企业的经营、管理方式注入了新的活力。通过 6S 现场改善，企业能最大限度地降低成本、提高效率、保证质量，促进企业竞争力的提升。

6.1 6S 管理概述

6S 管理是在 5S 管理的基础上升级而来的。5S 管理源于日本，与我国企业管理现状相融合，形成了更为贴合实际的 6S 管理。6S 管理能有效管理生产现场人员、机器、材料、方法、信息等生产要素，对企业的发展能发挥至关重要的作用。

6.1.1 6S 管理的要素与目的

1. 6S 管理的要素

6S 管理的要素即 6S 管理的基本内容，如下文所示。

（1）整理（Seiri）。整理的本义是使有条理有秩序。6S 管理中的整理，即按照需要的程度，将工作场所的物品区分为有用的和无用的，从而将无用的物品清除。这是改善现场环境的第一步。

（2）整顿（Seiton）。整顿是指将有用的物品摆放在合理的位置，放置整齐并添加标识。例如，根据物品的不同用途划分摆放区域，为放置在不同区域的不同物品添加标识，便于员工寻找。

（3）清扫（Seiso）。清扫是指对工作场所进行清扫，清除工作场所的垃圾、灰尘等，使工作场所干净整洁。清扫可简单理解为大扫除，即将看得见的、看不见的地方清扫干净，使工作环境干净清爽。

（4）清洁（Seiketsu）。清洁是整理、整顿、清扫的延续，使三者的过程制度化、规范化，并始终处于改进的状态。企业在完成整理、整顿、清扫之后，应对过程和结果进行总结、优化，制定规范化的管理制度，使其成为企业员工的常规行动。

（5）素养（Shitsuke）。素养是指使员工养成良好的习惯，遵守企业的规章制度，这就需要企业从旁协助。企业可通过召开会议、开设相关课程、进行文件宣传等途径，在潜移默化中影响员工，使员工向好的方向发展。

（6）安全（Safety）。安全是重中之重，任何工作都应以安全为前提。员工在生产活动中应严格按照标准作业，防患于未然，创造安全的工作环境。

在执行过程中，员工如果对 6S 管理的内容了解得不深刻，往往会混淆整理、整顿、清扫、清洁的概念。因此，企业应引导员工牢记实施口诀，正确执行 6S 管理。表 6-1 所示为 6S 管理实施口诀。

表 6-1　6S 管理实施口诀

6S	实施口诀
整理	要与不要，一留一弃
整顿	科学布局，取用快捷
清扫	清除脏污，美化环境
清洁	总结优化，常规行动
素养	贯彻到底，养成习惯
安全	遵守规程，消除隐患

通过上述口诀，员工即可清楚区分 6S 管理的内容，了解其实行的重点。

2. 6S 管理的目的

企业所有的管理活动都有其目的性，且目的必须有利于企业的发展。6S 管理也同样如此，其目的有以下几点。

（1）整理的目的：清除不用的物品，可以改善工作环境，增加工作场所面积；解决现场环境容易出现的混放、误用问题；有利于减少库存，节约资金。

（2）整顿的目的：将有用的物品依照位置整齐摆放，使之一目了然，便于拿取和归还，减少寻找物品的时间，使员工更加高效地开展工作；消除过多的积压物品，避免处于不安全状态。

（3）清扫的目的：改善工作环境，使工作场所美观整洁、安全卫生，减少工作环境对员工身体的伤害；保障产品的质量。

（4）清洁的目的：通过制度化和规范化，保持以上 3S 管理的成果。

（5）素养的目的：素养是 6S 管理中唯一一项以人为主体的内容，其目的在于提升员工的素质，使员工养成遵守规则的好习惯，营造团队精神。

（6）安全的目的：建立安全生产的环境，识别出安全隐患并加以整改；生命只有一次，无论是生产活动还是日常生活，员工都应将安全放在第一位。

6.1.2　现场管理中的 6S 管理

现场管理是指通过科学方法对企业的各大生产要素进行全面管理。6S 管理是对生产要素不断进行整理、整顿、清扫、清洁，提升员工素养、保证员工安全的活动，是企业管理的基础，更是现场管理的基础。企业运用 6S 管理，能对员工、机器、工艺、物料等生产要素进行有效管理，从而提高产品的质量并使产品更加多样化。在 6S 管理实施过程中，企业应针对每位员工提出相应的要求，以提升员工素养，改善员工精神面貌，提升企业在现场管理中的核心竞争力。

现场是企业最基础的生产经营场所，企业与客户进行磋商时经常会对现场进行考察。现场管理水平高的企业能打消客户的疑虑，促进成交，而 6S 管理是企业提高现场管理水平的利器。6S 管理通过制定详细的规定和规范，解决现场管理出现的各种问题，使现场管理更加高效持久地实行。

6S 管理倡导从小事做起，充分利用"人""事""物"并严格按照规范执行。"人"是指员工素养和面貌，"事"是指生产流程和技术工艺，"物"是指物料、物品的合理摆放和高效利用。

1. 现场管理中 6S 管理的作用

在现场管理中，6S 管理可以使"人员美化""场地洁净""物料清晰"，具体有以下作用。

（1）保障生产安全。保障生产安全是第一要务，生产现场井然有序，可以有效减少生产事故。以生产车间为例，企业需制定车间各项安全操作流程，要求员工按规定戴好劳保用品，及时整改不规范的操作，不定期开展安全宣传讲座，消除安全隐患。

（2）减少浪费，降低成本。6S 管理能使场地、物料、时间得到最充分的利用，减少来回搬运，节约时间，提高效率，从而降低成本。

（3）改善产品质量，降低不良率。良好的工作环境可以保证设备性能和效率，进而提高产品质量。员工工作认真负责，能使不良品更加显眼，从而得到及时解决。

（4）管理规范，气氛融洽。6S 管理使企业制定的规范严格执行，员工事事讲究，减少管理中出现的问题，使员工关系融洽。

（5）改善员工面貌，提升企业形象。严谨认真的工作态度、整齐的工作环境、规范的现场管理能提升员工素养，让客户对产品质量和企业形象产生信心。

2. 现场管理中 6S 管理的形式

现场管理中，6S 管理的核心特点是高效、持久、美观。其中物品定点放置，能够提高效率；员工严格遵守规范，确保 6S 管理长效执行；场地清洁、物品摆放整齐，良好的精神面貌能让客户对企业和产品充满信心。

（1）定置管理。定置管理是指确定物料位置，其要点如下。

①物料、工件按区域、按类放置。例如使用频率高的物料放在近的地方，使用频率低的物料放在远的地方。

②不合格品、残次品摆放明确，定时清理。

③消防安全物资定点摆放，不得随意挪动。

（2）工艺管理。工艺管理贯穿于产品的整个制造过程中，与产品的质量、产量、成本有密切的关系。做到工艺参数优化、工艺文件具体化、加工工艺科学化，才能让工艺管理高效。对各种原材料、半成品进行加工处理，使之成为产品的过程。

①生产工艺必须操作规范，严格按照技术参数执行。

②对原材料、半成品和零部件等进行自检，符合标准才可投产。

③新工艺、新产品须经严格测试，符合入市标准、判定无异常后才能继续投入生产。

（3）设备管理。设备管理的意义在于正确地使用、修理、保养设备，使设备始终处于良好状态。生产离不开设备，设备直接决定着企业的经济效益。

①设备指定专人管理，做好操作和交接台账。

②做好设备清洁，建立周期清洁制度，如日清扫、周维护、月保养。

③制定设备维修记录与保养记录并及时上报。例如每次设备维修后，需将故障原因及解决方案登记入册，下次遇到同样问题就可以先从记录的故障原因中开始排除，提高维修效率。

（4）文明生产。文明生产是指员工在现场管理中文明运转、文明操作。

①车间保持干净整齐，台账填写规范，物品摆放明确。

②室内外保持清洁，物料用完必须及时清理，不得堆放垃圾。

③车间衣柜、工具箱、推车等物件摆放在指定位置，同类产品整齐划一。

（5）安全生产。安全生产的意义在于避免造成人身伤害和财产损失，保障劳动者的生命安全和职业健康是生产过程中最基本的要求。

①严格执行各项安全操作规范。

②定期开展安全讲座，提升员工安全意识。

③特殊工种需持证上岗，新员工、学徒必须有专人指导，不得独立操作。

6S 管理对于企业现场安全保障起着至关重要的作用，通过实践过程，能有效提高生产效率，使企业保持向上增长的健康态势。

6.1.3　6S 管理的误区和陷阱

企业为提高效率而实施 6S 管理，但在执行过程中，往往会遭遇误区和陷阱。这些误区和陷阱不仅使企业执行 6S 管理的目的无法实现，甚至会导致企业面临更加严重的问题。

1.　6S 管理中误区和陷阱产生的原因

思想决定意识，意识决定行为。6S 管理的误区和陷阱大部分源于管理者认知上的浅显或错误，从而在错误思想引导下做出了错误行为。

（1）意识问题。大多数 6S 管理的误区和陷阱都源于管理者的意识问题。部分企业管理者看到外界在推行 6S 管理，为不落人后，在一知半解的情况下匆忙在企业中执行 6S 管理。这导致改善工作很容易"扭曲""变形"，使企业无法得到想要的效果。很快，企业 6S 管理变得只有"三分钟热度"，最后"虎头蛇尾"地结束。

（2）行为问题。企业管理者意识落入误区，这在 6S 管理执行过程中尤其体现为形式主义。例如，在 6S 管理执行过程中，高层领导热衷于喊口号、贴标语，或是进行临时、短暂的突击活动，使得中基层员工忙于"造势"，而并非真正进行 6S 管理。

2.　6S 管理中误区和陷阱的划分

6S 管理的误区和陷阱，主要分为以下种类。

（1）已经做过 6S 管理就不用再做了。例如，很多企业管理者都会说，我们的企业已经做过一次 6S 管理了，就不用做了；或是企业做过了没用，所以不做了。企业管理者产生这种错误认知的原因在于对 6S 管理不够了解，或急功近利，没有认识到它的长期性和持续性。

（2）6S 管理就是大扫除。这是企业执行 6S 管理过程中最常见的误区。部分企业内有人认为，6S 管理就是简单的大扫除，和生产没有直接关系。有人会产生这种认知，是因为上到管理层，下到基层员工，对 6S 管理的理解都只停留在初级阶段，认知较为浅显，没有真正理解 6S 管理在企业管理中的重要性。

（3）6S 管理没价值。在对 6S 管理了解得不够透彻的情况下，部分企业管理者认为 6S 管理只是一种活动形式，执行 6S 管理只会增加人力成本，对提升企业效益无实质性帮助。

（4）没时间执行 6S 工作。大部分员工对 6S 管理的认知并不深刻，认为 6S 管理可有可无。有的员工认为工作太忙，没时间做 6S 工作，也不愿意把时间用在 6S 工作上面。这种观点是把 6S 工作和日常工作对立起来，没有认识到两者之间相辅相成的关系，只是简单视 6S 工作为拖累。

（5）6S 管理靠员工自发行动。因 6S 管理中的"素养"要求员工养成良好习惯，严格遵守各项规章制度，基于此，部分企业管理者认为，开展 6S 管理是靠员工自觉。然而事实并非如此，大多数员工并不会主动参与本职工作以外的行动，企业只有强制地执行，才能推动员工参与进来。

（6）6S 管理是形象工程。很多企业管理者推行 6S 管理是出于跟风、重面子，并不重视 6S 管理的深层含义。上有所好，下必行之，员工为此也敷衍了事，只把看得见的部分做好，看不见的继续听之任之。

（7）6S 管理只是针对基层员工的工作。很多企业管理者认为 6S 管理的主要对象是基层员工，对中层、高层管理者不作要求。企业如果无法做到全员参与，这样不仅失之偏颇，还会让基层员工滋生不满的情绪，容易激发员工和领导层之间的矛盾，不利于企业内部的和谐。

3. 解决 6S 管理中误区和陷阱的方法

思想是引发错误认知的源头，若要改变错误认知，就要从树立正确思想做起。

（1）批评教育。在认识到错误之后，首先要做的是"问责"。企业应对具有错误认知的人员进行批评教育，并矫正各级员工对 6S 管理的认知。

（2）培训学习。企业可安排相关培训，要求全体员工参与。员工通过不断学习，能够树立正确的思想。

（3）管理者起到带头作用。企业应做到"一碗水端平"，不搞特殊化，在管理者的带领下，引导员工积极工作，做到全员参与。例如，企业制定了 6S 管理的标准，要求员工保持工作环境的干净整洁，管理者就要保证自己的工作区域符合规定标准；安全方面，要求员工按照标准作业，管理者在指导工作时就不能依仗身份简化步骤。管理者的工作行动只有符合 6S 管理标准，符合企业内部的规定，管理者自身才能成为员工的榜样，起到带头作用。

6.2　6S 管理策略

随着 6S 管理在企业管理活动中所占的比重增大，以及企业对 6S 管理认识的不断深入，为了便于实施 6S 管理，我们总结出一套 6S 管理策略及技巧。

6.2.1　6S 管理推进模型

执行过程中，实施者为达到事半功倍的效果，需对 6S 管理进行不断优化。

1. 6S 管理推进的重要性

无论 6S 管理在企业经营中能发挥多么重要的作用，如果企业领导层错误推进或不推进，就发挥不了 6S 管理应有的价值。因此，企业领导层需将 6S 管理在管理层面塑造成为模型并加以推进，这样才能实现全员参与。

在 6S 管理中，整理、整顿、清扫、清洁、素养、安全形成了闭环，以实现相互促进、全面提升。

2. 6S 管理与其他管理手法之间的联系

6S 管理作为一种管理手法，在企业管理体系中并非单独存在，而应与其他管理手法相联系。

（1）6S 管理与精益管理的联系。6S 管理是精益管理的基础。6S 管理能清除现场七大浪费，即搬运浪费、库存浪费、缺陷浪费、等待浪费、过度加工、动作浪费、过量生产。

（2）6S 管理与 TPM 的联系。6S 管理是 TPM 管理的前提，TPM 管理的目的是尽可能提高设备管理的生产效率。企业实施 6S 管理，有利于持续改善员工生产活动，使 TPM 管理精益求精，提升企业综合竞争力。

（3）6S 管理与 TQM（total quality management，全面质量管理）的联系。TQM 是以产品质量为核心，建立起一套科学严密高效的质量体系，以提供满足客户需要的产品或服务的全部活动。6S 管理则是 TQM 的第一步。

（4）6S 管理与 ISO 9000 的联系。ISO 9000 是质量管理体系通用的要求和标准，是行业标准，6S 管理是 ISO 9000 推行的捷径。在企业中实行 ISO 9000 是很普遍的，但多数企业松散的状态使其实施效果不理想。而 6S 管理是对现场环境及员工的状态不断进行改善，企业推行 6S 管理能降低实行 ISO 9000 的难度，弥补有关不足。因此，两者既相互区别，又相互联系。

6.2.2 6S 管理目视化要素

目视化要素是 6S 管理的重要内容。企业应理解并重视目视化要素，将其作为现场改善中极其重要的内容。

1. 目的

目视化管理又被称为看得见的管理，实行目视化管理的目的如下。

（1）判断标准一目了然，所采取措施的准确性有保证。使用颜色、图形、数字等表现形式对区域内的物品加以区分，缩减了员工的寻找时间，提高了工作效率。

（2）防止人为失误。未实行目视化管理前，大多数企业的库存物品都存在混放的情况。员工在拿取物品时，容易出现以下情况，导致工作失误。

①物品无库存。急需某一物品时，容易出现物品无库存的情况，只能紧急联系供应商送货。这是工作中较为严重的失误。

②物品在需要时找不到，不需要时又出现。

③花费很长时间寻找某物品。

（3）预防各类隐患和浪费的产生。企业通过 6S 管理的整理、整顿等工作，将有用物品与无用物品明确区分，并将无用物品坚决清除；将有用物品按照目视化管理要求添加标识。在此过程中，企业可以发现现场环境中存在的问题和隐患，也减少了库存，避免了浪费。

2. 要点

企业要加大培训力度，使目视化管理内容成为员工日常工作的一部分。企业实行目视化管理的要点如下。

（1）新进的员工都能判断物品放置是好是坏。

（2）新进的员工都能迅速判断环境变化。

（3）新进的员工都能利用视觉因素判断改进方法，而且不会出现偏差。

3. 执行水准

目视化管理的水平分为初级、中级、高级 3 个等级，而国内大部分企业，特别是小微企业，基本都处于初级水平。

（1）初级。企业管理者简单了解目视化管理的含义，有简单的标识，但下级员工了解浅显。

（2）中级。企业上下皆对目视化管理有较为深入的了解，谁都能判断好与坏。

（3）高级。企业大部分员工深入了解目视化管理的真意，企业广泛进行目视化管理，且内部常用物品有明确标识。

6.2.3　6S 管理推进过程中的 5 项关键要素

6S 管理需要重视推进过程中的 5 项关键要素，如图 6-1 所示。

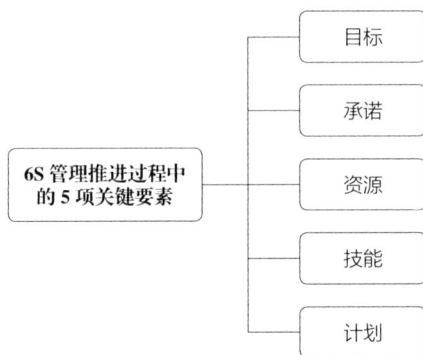

图 6-1　6S 管理推进过程中的 5 项关键要素

1. 目标

目标是对活动预期结果的设想，是想要达到的标准和境地。企业在进行 6S 管理前，首先应明确目标，即企业通过 6S 管理想得到怎样的结果。

（1）目标建立的原则。目标是可以达到的标准而不是妄想，企业建立 6S 管理目标应遵守以下原则。

①目标必须是具体的。

②目标必须是可以衡量的。

③目标必须是可以达到的。

④目标要有明确的截止时间。

⑤目标要与活动相关。

（2）目标建立的流程。明确目标建立的原则之后，企业首先要做的是建立 6S 管理目标，例如企业想通过 6S 管理达成什么目的。其次，企业领导层应组织员工实施。再次，目标达成之后，企业需对目标实施过程中出现的问题进行跟踪检讨。最后，企业将过程标准化、制度化。

（3）目标建立的作用。企业建立 6S 管理目标时，不仅应明确 6S 管理的方向，还应通过完善的奖惩制度来激励员工。

2. 承诺

在企业中，承诺有上级对下级的，例如加薪、升职等方面的内容；也有下级对上级的，例如保证完成工作、达成目标等方面的内容。在 6S 管理推进过程中的 5 项关键要素中，最主要的是上级对下级的承诺。管理者在 6S 管理推进过程中应身先士卒，起到带头作用，并对积极参与的员工做出承诺；目标完成后，按照员工的完成程度给予员工奖励。奖励必须立即发放，以确保员工的热情持续高涨。

3. 资源

企业资源分为内部资源和外部资源。内部资源有财务资源、技术资源、人力资源、信息资源等，外部资源有市场资源、行业资源等。传统的企业运营体系中，大多数管理者会选择将大部分资源倾注于自身，将少部分资源分配给下级。下级或将资源全部归于己身，或再将少部分资源向下分配，以此层层递进。这种资源分配方式虽在一定程度上满足了员工的成长需求，却只有微量的积累，很难达到质的提升。当员工自身能力没有大的提升时，即使管理者能力再强，上级下达的工作指令也无法被下级完整地实施。因此，在 6S 管理推进过程中，上级有必要给予充分的资源对下级进行激励，促使员工积极参与推进工作。

4. 技能

先有伯乐，而后有千里马。企业管理者就是伯乐，优秀的员工就是伯乐要寻找的千里马。选人是管理者工作的重点，是管理者必须掌握的技能。面对各式各样的员工，管理者应按照企业 6S 管理的要求、岗位的特点进行准确甄别、筛选。管理者应积极了解不同员工的性格和能力，把员工安排在恰当的岗位上。若选定的员工在某些方面有所欠缺，管理者就应挑选与之互补的员工与其搭配、组合。

5. 计划

企业推进 6S 管理，需要在深入了解、分析企业内部存在的问题和隐患后，制订标准而详细的计划；随后，由上级带领下级全员参与并实施计划；最后检查结果，找出问题并加以改进。

通过对以上 5 项关键要素进行积极准备，企业可先使 6S 管理"形式化"，再"行事化"，最终"习惯化"，使 6S 管理在企业内根深蒂固。

6.3　整理、整顿

"改善始于 2S"，2S 即整理、整顿。整理和整顿是 6S 管理的第一步和第二步，是 6S 管理实施的开始。企业只要将 2S 贯彻到底，就能杜绝大部分浪费行为。整理、整顿在 6S 管理中的重要地位可见一斑。

6.3.1　整理概述

企业该如何推行整理，避免不必要的浪费呢？主要内容如下。

（1）制定必需品和非必需品的判定标准。以办公室为例，办公室中的必需品就是各类办公用品和文具，非必需品就是一些过时的报表、资料以及不再用到的个人物品等。

（2）进行工作场所或范围的全面检查，包括看得到的和看不到的。例如，在车间里，各种产品、推车、叉车等属于看得到的，纸屑、小的杂物属于轻易看不到的，要注意全面检查，不能漏掉某一个或某一样物品。

（3）确立好必需品与非必需品的判定标准后，清除掉非必需品。

（4）调查必需品每日的使用额度，制定日常使用标准。

（5）制定非必需品中废弃物的处理方法。

（6）管理层带头，进行每日自我检查。

整理的关键是制定必需品与非必需品的判定标准，那么该如何去区分必需品和非必需品呢？

必需品就是指经常使用的物品，假如缺少这种物品，就必须有替代品，否则就会影响工作。

非必需品主要分为以下两种。

（1）使用间隔较长的物品，即一两个月甚至半年才会用一次的物品，例如样品、图纸等。

（2）对目前的工作或生产没有任何作用，但需要留存的物品，例如图纸、样品等。

6.3.2　整顿的推行要领

整顿是基于整理而存在的，以下为整顿的推行要领。

1. 彻底清除非必需品

企业通过整理，将现场环境的物品按照使用频率区分为必需品和非必需品。对于非必需品，企业应该将之彻底清除，并且只在工作岗位上摆放最少的必需品。例如，笔筒里只放 1 支铅笔、1 支圆珠笔、1 支签字笔等。

2. 确定放置场所、方法并添加标识

（1）确定放置场所。企业在选择必需品放置的场所时，可以按照物品使用频率进行。

①使用频率高的物品，可以就近放置。例如，放在工作台上、工作台附近等。

②使用频率中等的物品，可以放在仓库。

（2）确定放置方法。物品的放置方法有悬挂、平放、形迹化等，企业应按照物品的形状、大小、种类、特性等选择适当的放置方法。例如，清洁用品包括拖布、扫把等采用悬挂放置方法，容易损坏的物品要加防护垫或分开放置等。同时，企业在规定物品的放置方法时，要遵循整顿的三定原则。

①定点。定点是指固定物品放置的位置，使物品"物有其所，物归其所"。

②定容。定容是指要确定好盛放物品的容器，例如笔的容器是笔筒，水的容器是水杯等。

③定量。定量是指控制物品的数量。

（3）添加标识。标识是指标签、定置图、定置线等，是利用简单、鲜明的视觉信号，将物品的种类、形状、位置、数量等信息清晰地显现出来，以达到方便管理的目的。

企业实施整顿工作，是为了形成一种任何人都能立即拿取物品的状态。为实现这个目的，企业在按照推行要领实施整顿工作时，要站在使用者、新员工等的角度，明确物品放在哪个位置更方便使用、归还。

6.3.3 整理的实施策略与方法

整理是推行 6S 管理的第一步，也是最重要的步骤之一。整理的结果，将会对整个 6S 管理流程造成重要的影响。

整理的实施策略与方法有以下几点。

（1）红牌作战法。红牌作战是指企业将红色的卡片、纸张等张贴在现场问题点上，以期及时改正问题点的方法。红牌作战可以让需要改善的问题点一目了然，引起相关部门的注意，从而及时解决问题。

企业在使用红牌作战法时需制作红牌发行记录表，以便对发行的红牌进行回收和跟踪。表 6-2 所示为红牌发行记录表。

表 6-2　红牌发行记录表

序号	部门	场所	发行日	责任人	问题描述	对策说明	完成日期	精益推进办公室确认	备注

红牌作战法是通过不断地增加或减少红牌，以达到发现问题、暴露问题、解决问题的目的。

（2）定点摄影法。定点摄影法是指选择恰当的问题点，并在整理前后分别拍照，以跟进问题的方法。定点摄影法被广泛应用在 6S 管理的各个阶段，通过前后对比让员工看到整理的效果，能够对员工产生激励作用。

（3）建立认知、制定制度。企业应建立员工对整理工作的认知，加强员工的理解，推行制度化的检查措施，将整理工作变成每天都应该坚持的日常工作，以推进整理工作持续改善。

（4）寻宝活动。寻宝活动是指在整理工作的后期，为找出前期未被发现的问题点而开展的活动。寻宝活动的目的在于对现场环境进行彻底整理，消除所有问题点。

6.3.4　整顿的实施策略与方法

企业通过整理工作了解现场物品的现状后，应及时按一定的整顿方法实施整顿工作。通常情况下，企业会通过采用以下策略与方法实施整顿。

1.　引线作战法

引线作战法是指使用引线将不同的区域加以区分的方法。引线的形态是多种多样的，并且会随着区域的变化而变化。表6-3所示为常见引线的形态及标识方法。

表6-3　常见引线的形态及标识方法

类别		颜色	规格（线宽度／毫米）	形态
出入口线		黄色	100	虚线
通行线	车间主通道	黄色	150	箭头
	仓库主通道	黄色	100	箭头
	辅助通道线	黄色	50	箭头
	人行道	白色	600	实线
区域线		黄色	100	实线
虎纹线	危险警示区	黄、黑	100	黄黑搭配
定置线	废品区	红色	50	实线
	合格区	绿色	50	实线
	垃圾桶等	黄色、白色	50	虚线

引线作战法体系中，箭头一般在转弯处、通道交叉处进行标识。

2. 油漆作战法

油漆作战法是指企业在厂区的地面、墙壁、设备等位置涂抹不同颜色的油漆，以达到维护工厂形象、美化环境的目的。油漆作战法是能引入全员参与的整顿方法之一。

油漆作战法并不是简单地涂抹油漆，企业在使用油漆作战法时，应按操作标准进行操作。

（1）保证物体表面干净、干燥。为使油漆服帖、清晰，在涂抹油漆之前，应先将需要涂抹油漆的表面打扫干净。

（2）刷漆区域贴胶纸。贴胶纸是为了框定油漆涂抹的范围，避免相近的油漆相冲突，或未涂油漆区域被污染。

（3）调漆。油漆要按照一定的比例调和。例如，常用于装配车间、现场办公室的比例为：漆（A）：固化剂（B）：天拿水（C）=3：1：1.5。又如，常用于加工车间或库房的比例为：漆（A）：固化剂（B）：天拿水（C）=4：1：2。

3. 颜色管理法

颜色管理是实施 6S 管理最重要的方法，即给现场环境中需要管理的物品"披上一层有色的外衣"，使基本信息能够通过颜色快速传递。同时，颜色管理法可以使员工产生共同的认知，有利于建立企业文化共识，达到方便管理的目的。

6.3.5　整理、整顿改善

企业即使按照同样的实施标准执行整理、整顿，最终改善效果也会因行业、企业、营业状况、员工等多方面因素影响而有所差距。然而，客观差距的存在，也会影响企业精益现场管理模式的建立。企业要想解决问题，改善整理、整顿的效果，首先要了解产生差距的原因。

1. 产生差距的原因

企业之间整理、整顿工作的效果会产生差异，这是多方面影响的结果。

（1）管理者盲目跟风，不懂装懂。自我国改革开放以来，多个国家的管理思想纷纷涌入，与我国传统管理思想相互碰撞、融合，形成适合我国大部分企业的管理模式。6S 管理即是其中之一。为抢占市场，获取更大的利润，不少企业在没有完全理解 6S 管理真意的情况下，盲目跟风实施 6S 管理。

（2）员工缺少干劲，得过且过。员工是整理、整顿工作的最终执行者，员工的工作状态会对改善结果造成影响。例如，在整理现场环境时，员工只做到"表面上看得过去"，而看不见的区域依旧一塌糊涂。

（3）缺少创造力，过于依赖权威。部分企业不从自身实际情况出发，生搬硬套与自身现状不符的成功案例，将之直接套用在自己企业身上，最后的改善结果却不尽如人意，甚至与预想的结果南辕北辙。

（4）企业评价标准各不相同。因行业、经营状况等因素的影响，不同的企业会有不同的评价标准。例如，食品行业的企业相比其他行业标准更高，而经营状况好的食品企业通常比普通食品企业标准高。

2. 整理、整顿改善的评定标准

企业对整理、整顿工作效果的评定要从现场环境状况出发，着重评定必需品与非必需品分类是否明确、标识是否清晰、是否具有创意等。整理、整顿改善的评定标准如下。

（1）微小改善。现场环境较混乱，必需品与非必需品分类不清，无标识或标识混乱，无创意。

（2）较小改善。现场环境一般，基本区分必需品与非必需品，有简单标识；有创意，但创意一般。

（3）较大改善。现场环境不错，物品种类区分明确，标识清晰；有创意，且创意较好。

（4）重大改善。现场环境一流，布局科学；标识清楚，一目了然；流程清晰，创新性强。

企业只有制定高标准，加大对整理、整顿工作的监督力度，鼓励积极参与的员工，改善效果才能满足预期。

6.4　清扫、清洁

清扫、清洁是 6S 管理的第三步和第四步，企业实施清扫、清洁工作是 6S 管理深入开展的必经步骤。

6.4.1　清扫概述

清扫工作是整理、整顿工作的进一步延续，是在两者的基础上，对现场环境的进一步完善、优化。清扫即创造一尘不染的环境。除此之外，企业实施清扫工作，还具有以下作用。

1. 清扫的作用

（1）使物品能够正常使用。使物品能够正常使用，是清扫工作的第一作用。经过整理、整顿工作之后，企业已能实现生产现场人员快速拿取物品。但是，物品的正常使用需要以清扫工作奠定基础。

（2）减少灰尘、油污等对产品品质的影响。在生产过程中，现场不可避免会产生灰尘、油污、垃圾等，从而使现场变得脏乱不堪。脏乱的现场环境会使设备精准率下降，对员工心情也会造成影响。企业通过清扫工作，创造一个干净、明亮的现场，有利于产品品质的提升。

（3）保持良好的工作环境，使人心情愉快。清扫工作包括对工作环境彻底的大扫除。企业通过彻底的大扫除，能够创造一尘不染的工作环境。干净、整洁的工作环境会让人身体放松、心情愉悦，提高员工的工作效率。

（4）减少安全事故。脏乱的现场环境会对设备造成伤害。例如，生锈会导致设备螺丝松动、断裂、脱落，存在极大的安全隐患。因此，清扫工作能减少安全事故，从而保障员工的人身安全。

2. 清扫的推行要领

（1）领导以身作则，带动全员参与。清扫工作的实施是需要企业全员参与、共同进行的。

（2）及时发现并修复现场环境内存在的问题，调查产生问题的源头，予以杜绝。

（3）建立清扫责任区，实现责任分配到人。企业应以平面图的形式，将各清扫责任区划分给各班组，再由各班组划分到个人，以确保每处清扫责任区都有责任人。

（4）建立清扫基准，作为清扫规范。清扫工作应按照标准流程实施，以保证企业实现最大的改善效果。图6-2所示为清扫工作的实施流程。

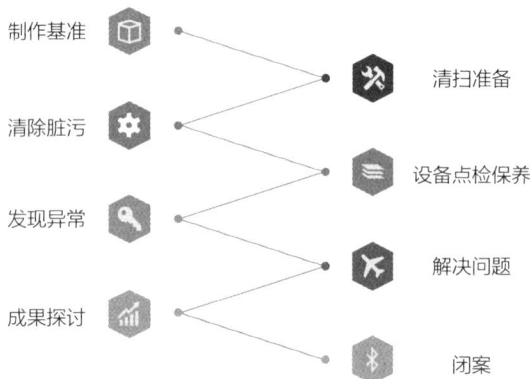

图6-2　清扫工作的实施流程

按标准流程实施清扫工作，能够保证现场物品、设备状态良好，处于随时可用的状态。

（5）将设备的点检、清扫、修复等结合起来。员工在进行清扫工作的同时，对设备进行点检、润滑、修复等工作。

6.4.2　清洁的推行要领

清洁是指将整理、整顿、清扫工作进行到底，是 3S 工作的维持和巩固。以下内容为清洁的推行要领。

1. 落实 3S 工作，维持 3S 成果

清洁的本质是斜坡理论。图 6-3 所示为斜坡理论示意图。

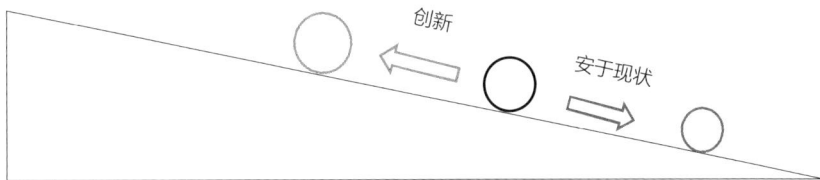

图 6-3　斜坡理论示意图

斜坡理论又被形象地表述为"反复抓，抓反复"，是用球表示企业在市场中所处的位置。如果企业对现场情形安于现状、不思进取，就会像斜坡上的球一样滑落；反之，则会向上滚动。企业只有加强内部基础管理，才能产生强大的止动力，甚至推动力。斜坡理论在 6S 管理中则体现为，只有持续不断地进行整理、整顿、清扫工作，现场才能得到有效改善。

2. 制订目视管理的基准

除持续进行的整理、整顿、清扫工作之外，企业还应推行目视管理，将清晰、简单、习惯化的视觉信号融入员工的日常工作中。各种目视管理的措施能使现场存在的问题点显露无遗，从而及时消除问题点，确保现场始终保持正常状态。

3. 制订 6S 管理的实施方法

6S 管理是一场全员参战的持续性斗争。6S 管理的成功推进，离不开企业全

体员工的共同努力。

（1）组建 6S 推进委员会。为使所有人能够充分发挥自身优势，让每个人都处于适当的位置，组建 6S 推进委员会是必不可少的。图 6-4 所示为 6S 推进委员会组织架构图。

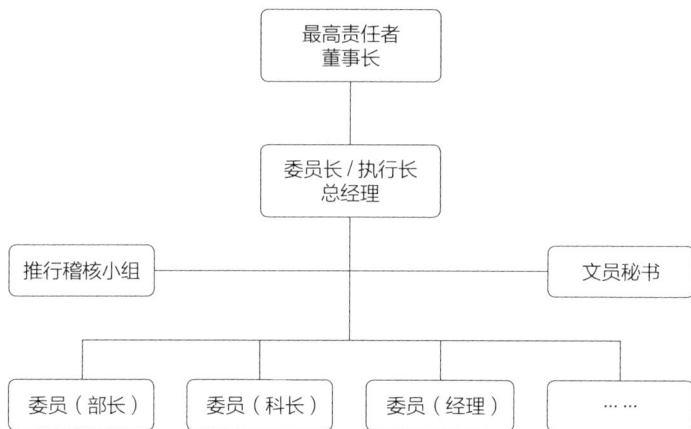

图 6-4　6S 推进委员会组织架构图

企业通过组建 6S 推进委员会，就可以实现高层一声令下，6S 管理工作有条不紊地展开。

（2）制订 6S 管理实施计划。企业应制订详细、明确的中期和长期计划，并要求员工按照计划执行。

（3）样板区先行。企业在大范围进行 6S 管理之前，可以先在样板区检验效果，并随时根据企业实际情况调整计划。

（4）实施评比活动。企业应开展流动红旗等评比活动，每月、每季、每年分别开展一次。评比结果应与绩效、薪资、晋升等挂钩，在物质和精神层面双重激励员工。

4. 建立 6S 管理意识，并制订稽核方法和奖惩制度

企业在决定实施 6S 管理后，一定要事先计划好稽核方法和奖惩制度。企业要使内部所有员工认识到，做好 6S 工作对个人和团队的益处，个人和团队会有什么奖励，做不好又会有什么负面影响。企业使员工建立这样的意识，配合科学的稽核方法和奖惩制度，就能调动员工的积极性，保障 6S 管理的顺利进行。

6.4.3　清扫的实施策略与方法

清扫的实施策略与方法的主要内容如下。

1. 做好清扫准备

企业在决定实施清扫前应考虑的问题如下。

（1）确定清扫对象。企业实施清扫前，首先应明确清扫的对象。例如，是对库存进行清扫，还是对设备进行清扫。

（2）清扫方法标准化。企业应通过标准化体系，建立规范的清扫方法。表 6-4 所示为某企业清扫基准表。

表 6-4　某企业清扫基准表

清扫区域				
区域负责人：	操作工：	序号	项目内容	基准要求
清扫的频次 每班一次		1	确定清扫该区域的具体部位	支撑架主体、电动机外壳、各类标示，工具放置区，一层地面、二层地面、三层地面，包装皮暂存区
		2	确定清扫的方法	（1）支撑架主体、电动机外壳（包括外壳沟槽），油污等污染较重的部位用湿抹布、金属去污剂擦拭；包装皮、带头排列整齐；擦拭标示上的灰尘，将翘起的标示粘贴牢固 （2）工具摆放在规定的位置 （3）楼层地面清理杂物
		3	选取合适的清扫工具	抹布、金属去污剂、水车、笤帚、拖把

区域负责人：	操作工：	序号	项目内容	基准要求
清扫的频次 每班一次		4	清扫后的状态（效果）	（1）支撑架主体、电动机外壳（包括外壳沟槽）看不到明显灰尘，包装皮、带头排放整齐，标示无灰尘等污染、不翘边 （2）工具放置整齐 （3）楼层地面无垃圾、杂物，无乱放的工具
		5	检查的方法	（1）责任人每天至少检查一次 （2）段长每天至少监督检查一次 （3）班长至少每天抽查一条线 （4）每周联合检查一次
		6	检查人	责任人、段长、班长、精益生产人员

表 6-4 所示的某企业清扫基准表对清扫的各项内容做出了明确规定，企业可以按照此表进行清扫。

2. 明确各区域清扫负责人

清扫工作不仅是将现场打扫干净，还应该明确各区域由谁来打扫，谁是该区域的负责人。企业在划分清扫责任区时，可以以班组、车间等为单位，负责人则为班组组长、车间主任等。在此基础上，班组组长或车间主任还可以将内部区域化整为零，合理分配给下级。

3. 发现并及时解决问题

员工在清扫工作执行过程中，如果发现不妥的地方应立即进行整改，并加以记录。

6.4.4 清洁的实施步骤

清洁能使现场环境保持干净、整洁、明亮，这样不仅有利于员工身心健康，而且对提高企业的生产效率也是非常有利的。为此，企业必须采用科学标准的实施策略与方法。

1. 清洁实施步骤

图 6-5 所示为清洁实施步骤。

维持 3S 成果

制订执行标准和检查评比机制、标准

全员教育培训

设法让员工养成清洁的习惯，使清洁日常化

建立责任人制度

建立目视管理

检查、评价、竞赛

全员提案改善活动

持续改进

图 6-5　清洁实施步骤

图 6-5 所示的清洁实施步骤适用于大部分企业的清洁工作。

2. 清洁的实施方法

实施 6S 管理的企业在实施清洁时，主要采用以下两种方法。

（1）制订清洁手册。清洁工作想要做到有章可循，企业就需要专门制订清洁手册，作为员工开展清洁工作的依据。企业在制订清洁手册时，要明确以下内容。

①明确实施清洁工作的范围。清洁工作的范围包括地面、墙壁、设备等在内的所有事物。

②明确实施清洁工作的方法。

③明确清洁工作完成后的状态。清洁工作完成后的状态，是在 3S 的基础上，保持现场环境的整齐、干净、安全、高效。

④明确各区域负责人。例如，班组的负责人为班组组长等。

（2）维持成果，进行全员教育培训。在清洁工作实施的过程中，企业需要不断对不足之处加以纠正，并且通过开展全员教育培训，例如宣传演讲、征文大赛、举办交流会等，让员工深入了解实施整理、整顿、清扫的意义，从而维持既有成果。

企业通过以上方法，能够有效推动清洁工作的顺利实施。

6.4.5　清扫、清洁改善

改善是永无止境的，即使清扫、清洁的实施效果已经达到企业标准，甚至是行业标准，企业也要将改善工作进行到底。

1. 清扫、清洁改善的障碍

企业通过实施清扫、清洁工作，已经使现场环境达到很好的状态，想要进一步改善，却不知道怎么做。这主要有以下几个方面的原因。

（1）安于现状，止步不前。当现场始终维持在清扫、清洁完成后的状态时，大部分企业会认为清扫、清洁工作已经完美落幕，接下来只需要继续保持。但是，安于现状只会让企业的发展停滞不前，只有不断创新才能促进企业的发展。

（2）察觉不到问题的存在。部分企业由于人员的意识不够和能力不足，在清扫、清洁执行过程中，难以察觉现场环境中存在的微小问题。然而，暴露问题才是精益改善的起点。如果企业察觉不到问题的存在，生产工作却仍在继续，久而久之，问题会持续发酵、放大，最后造成难以估量的损失。

2. 清扫、清洁改善的方法

清扫、清洁改善的方法主要有以下几种。

（1）提升精益意识和能力。只有发现问题才能解决问题，为提升改善能力，推进清扫、清洁工作进一步改善，企业需要邀请专门的培训机构对员工进行培训。培训能够提升员工的精益意识和能力，实现用"显微镜"去寻找问题，从而彻底发现、解决问题。

（2）增强创新意识和创新能力。按部就班、依赖权威虽然会让清扫、清洁工作顺利完成，但时代在不断发展，市场环境千变万化，企业只有不满足于 6S 管理实施现状，不断更新清扫和清洁的标准，增强创新意识和创新能力，才能使工作不断完善。

（3）始终保持怀疑态度。马克·利普顿的《愿景引领成长》中有这样一句话："向前进，继续保持怀疑态度吧。"怀疑是发掘新问题的前提。员工只有在清扫、清洁执行过程中保持理性的思考，用怀疑的态度接近需要改善的事物，才能确保清扫、清洁持续改善，并保证企业稳定、长久地发展。

6.5　素养、安全

整理、整顿、清扫、清洁是实施 6S 管理的基本步骤，也是打造基础的重要手段。企业通过实施整理、整顿、清扫、清洁 4 项内容，让员工认识到整洁、有序的工作环境带来的好处，员工就能进一步建立 6S 管理意识，从而养成更好的习惯，保证素养提升、安全到位。

6.5.1 素养概述

素养是指让员工遵守企业的规章制度，养成良好的习惯。良好习惯的养成，需要企业持续进行 6S 管理，同时这也离不开企业全体成员的共同努力。

1. 素养的表现

素养达成后，有以下表现。

（1）遵守制度。让员工自觉遵守规章制度是企业实施素养的目的。企业应该向每一名员工灌输遵守制度的意识，并使其成为员工的一种习惯。例如，员工按照规定穿戴工作服、工作证，不得随地乱扔垃圾等。

（2）懂得基本礼仪。员工的基本礼仪也关乎企业的形象，会影响人们对该企业的判断。如果员工对外表现得有礼貌、懂分寸、仪态端庄等，会让人们认为该企业拥有良好的企业文化，使企业对外形象有所提升。如果员工对外表现得蛮横无理，那么人们对该企业的印象也会大打折扣。在素养推行成功的企业里，员工往往会有良好的礼仪形象。

（3）工作态度良好。员工的工作效率在很大程度上受工作态度的影响。员工具有良好的工作态度，在工作时间内能认真工作，是企业提高生产效率、获取更多利润最简单的手段。

2. 素养的推行要领

素养是对人的要求。素养的推行要领在于提升员工素质、帮助员工学习成长。

（1）持续推动前 4S。前 4S 是实施素养的前提，如果没有落实前 4S，素养就没有办法达成。企业持续推动前 4S 并使之成为习惯，是素养推行要领中的重要内容。

（2）制定共同遵守的规章制度。规章制度是规范员工行为的有力工具，是员工的行为准则。企业通过制定共同遵守的规章制度，能营造良好的团队氛围，促进企业文化的建立。

（3）推动全面教育，对员工进行素养方面的教育和培训。例如，新员工入职后接受岗前培训，上岗后不定期进行岗中培训，针对全体员工定期进行在岗培训等。

（4）激发员工热情。热情是推进素养实施的有效手段，企业可通过各种形式的评比和竞赛活动激发员工的热情，推进素养工作快速达成。例如，企业通过开展 6S 管理知识竞赛，可以进一步强化员工对 6S 管理内容的理解，提升其精益素养。

6.5.2　安全的推行要领

6S 管理中的"安全"，是我国企业根据发展现状增加的内容。安全是指在企业内建立、健全各项安全制度，让员工增强安全意识，使所有的工作都建立在安全的前提下，防止事故的发生。

1. 建立安全意识

企业的生存和发展离不开安全，安全是永恒的主题。虽然我国企业都在宣传"标准作业、安全作业"，但是流于口头的宣传并不会起到很大的作用。员工依旧会存在侥幸心理，认为事故不会这么巧发生在自己身上。因此，企业应坚持"安全第一"原则，向员工灌输"安全第一"的意识。只有安全意识落实在人心，人人在生活、工作中都坚持安全第一，才能实现"人人安全、事事安全、时时安全、处处安全"。

2. 建立、健全安全制度

企业在生产活动中，仅仅通过建立安全意识还不足以保证员工的安全，因此还应建立完善的安全制度，从意识、制度两个层面保障员工的安全。企业主要应建立、健全以下安全制度。

（1）安全生产责任制。安全生产责任制是各项安全制度的核心，也是最基本的安全制度。

（2）安全检查制度。安全检查制度是企业根据产品特点、员工生产的手段、生产环境等执行的定期或不定期的检查制度。该制度通过对现场环境进行检查，发现并消除生产现场的不安全因素，保障安全生产。

（3）安全奖惩制度。企业应对认真贯彻落实安全生产的员工给予鼓励和奖励，对违反安全制度的员工给予批评，从而有效落实安全生产。

3. 创造安全、整洁、有序的工作环境

企业通过实施整理、整顿、清扫等工作，清除现场环境中的非必需品，标识现场环境的必需品，并使用目视化手段对各区域进行划分，能有效减少因物品堆积、通道功能混乱而造成的安全问题，从而保障员工的安全。

4. 制定明确的标识

企业应通过目视化管理手段，使用明确标识进行安全管理。安全标识分为禁止标识、警告标识、指令标识、提示标识等。

（1）禁止标识。例如，禁止吸烟、禁止跨越、禁止通行等。禁止标识一般使用红色表示。

（2）警告标识。例如，注意安全、当心火灾、当心中毒等。警告标识一般使用黄色表示。

（3）指令标识。例如，必须戴防尘口罩、必须穿防护服、必须洗手等。指令标识一般使用蓝色表示。

（4）提示标识。例如，紧急出口、急救点、应急避难场所等。提示标识一般使用绿色表示。

6.5.3 素养的实施

素养是 6S 管理的核心，是构建企业文化的重要内容。如果企业里大部分员工都拥有良好行为习惯，那么在这些员工和管理者的共同努力下，有坏习惯的员工就能向好的方面发展，促进企业精益现场文化的建立。

1.　素养的推行步骤

素养的推行不可能是一日之功，企业必须遵循基本步骤。图 6-6 所示为素养的推行步骤。

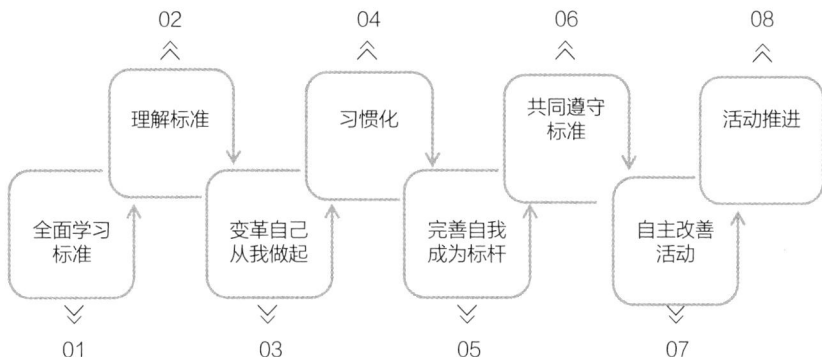

图 6-6　素养的推行步骤

企业通过素养的推行步骤，提升员工素质，使之积极主动参与，营造团队精益精神。

2.　素养的实施要领

除持续推动前 4S 工作、制定共同遵守的规章制度、实施教育培训及开展各种各样的评比活动外，素养工作的实施还有以下几种方法。

（1）制定员工礼仪手册。在外部环境中，员工礼仪影响着企业的形象；在内部环境中，礼仪是建立良好工作氛围、规范企业内部管理的手段和工具。企业为了进一步完善员工礼仪规范，需要制定员工礼仪手册。

①员工礼仪手册的内容。员工礼仪手册的内容包括礼仪在日常生活、工作中的重要性，如何保持良好的人际关系、个人形象，如何保持工作环境整洁等。

②员工礼仪手册的制作要求。企业在制作员工礼仪手册时，应该根据企业的需要选择应纳入的礼仪。员工礼仪手册的内容应简洁、易懂，避免长篇大论，可以多使用案例、图片等，以加深员工的理解和记忆。

（2）将相关的规章制度做目视化处理。各种规章制度制定后，企业应将其进行目视化处理，以达成使规章制度一目了然的目的。以下为将相关规章制度目视化处理的方法。

①制定管理手册。管理手册应人手一本，并且内容精简、体积小巧，以便于携带。

②做成标语。例如，"微笑是打开心锁的钥匙""不学礼，无以立"等。

③做成看板。礼仪看板的版面要做到清晰整洁、美观大方、布局合理、图文并茂，以引起员工兴趣。

④做成卡片、图表等。例如，和谐卡、爱心卡、互助卡、进取卡等。

以上目视化标识应该放置在明显的、容易被人看到的位置。

6.5.4 安全的实施策略与方法

为避免安全事故的发生，企业可以通过实施必要的策略与方法对安全事故加以预防。安全的实施策略与方法主要如下。

1. 定期巡查现场环境

定期巡查现场环境是企业现场安全管理最重要的手段。在任何企业、任何行业，不管操作人员如何尽心尽力，都难以保证设备能够时刻处于最佳状态。一旦设备出现问题，而操作人员无法及时发现、维修，那么很可能影响安全生产。为避免这种情况发生，企业管理者必须定期巡查现场环境。

（1）设定定期巡查的时间。巡查可以设定为每周一次或两次小检，每月一次或两次大检。具体的时间应该根据企业的具体情况而定。

（2）选定巡查人员。当局者迷，旁观者清。巡查工作应该另设专门的巡查机构，由巡查人员进行。巡查人员巡查结束后，要将巡查的情况和发现的问题记入巡查日志内。

2. 加大检查力度，严格按照作业标准作业

企业需确保员工树立安全第一的意识，并监督员工严格按照作业标准作业，保证企业生产安全有序。

（1）加强员工安全知识培训。企业领导层应督促相关负责人加强对员工安全意识的教育、培训。例如，对员工进行实际案例教育。

（2）定期考核。企业应对员工进行操作流程、标准的定期考核，敦促员工不断提升操作准确度和熟练水平，杜绝事故发生。

（3）落实安全生产责任制。企业领导层要把安全工作放在首位，从上到下层层监督实施，以进一步完善各种突发情况的应急预案，做到防患于未然。

3. 积极持续推进 6S 管理

6S 管理是一切管理的基础，是安全管理的基石。企业通过实施 6S 管理，减少了因管理不善而产生的大部分生产、安全问题。例如，清除了生产中不稳定或产生大量浪费的作业，减少了因设备故障而导致的安全事故等。企业必须保持积极、不断创新的心态，持续推进 6S 管理。

4. 制定奖惩制度，加强执行力度

奖惩制度是保证员工遵守作业规范、保障员工安全的手段和工具。企业通过制定奖惩制度，可以对严格按照作业标准执行作业的员工加以奖励，反之则加以批评，利用荣誉感保障员工生产安全。

6.5.5　素养改善

素养，即塑造人的品质，它是 6S 管理的核心。企业对员工的素养进行改善，即是对全面管理水平的提升。

1. 加大教育力度，实施人才育成

企业竞争的本质是人才竞争。有礼节、懂礼貌、守规范、讲执行的人才，是企业在激烈的市场竞争中立于不败之地的基础保障。企业应跟上时代发展的步伐，加大对员工的教育培训，鼓励员工不断尝试、探索、开发自己的潜能，使自身价值得到充分发挥。

2. 深入贯彻 6S 管理理念

企业应深入学习、贯彻 6S 管理理念，根据企业发展现状、实际需求、管理基础等情况，对 6S 管理进行深入分析，使之与企业紧密结合，并形成对企业发展有利的精益现场管理的理论知识和实践方法。企业应鼓励员工将 6S 工作执行到底，且在执行过程中持续检查考评、持续深入改进，使之日常化、习惯化。

3. 建立团队规范，制定评分标准

企业应将素养建设内容纳入绩效考核，并根据员工的表现进行评分。以下为素养建设的内容。

（1）遵守规章制度。无规矩不成方圆，团队的成长就是从建立硬性的规章制度开始的。但随着企业的发展，硬性的规章制度可能会激发员工的逆反心理，特别是在管理者未能以身作则的情况下。因此，管理者要积极行动，树立榜样，同时也应培养员工的自觉意识，让员工自觉遵守规章制度，这才是行之有效的方法。

（2）工作态度认真负责。管理者通过考核员工在工作上的表现、工作的完成状况及工作效率等多方面内容，对员工的工作态度进行分析。

（3）日常礼仪良好。例如上班时向同事和领导说"早上好"，下班时说"再见"，被帮助时说"谢谢"等。

（4）仪容仪表合乎标准。上班前员工应对自己的仪容仪表进行检查、调整。例如工作服有没有穿戴整齐，工作牌是否佩戴，指甲、头发是否符合标准等。

（5）同事关系和谐。同事关系是否和谐是素养考核的重点。每个项目的成功都离不开团队的共同努力，因此，管理者应着重观察员工之间的关系是否和谐。

企业应针对上述素养建设内容，形成素养的评分标准，如表 6-5 所示。

表 6-5　素养的评分标准

内容	分值
遵守规章制度	4
工作态度认真负责	4
日常礼仪良好	3
仪容仪表合乎标准	3
同事关系和谐	6
总分	20

企业可在此基础上根据实际情况制定素养考核的内容及分值，进行素养的改善。

6.5.6　安全改善

安全改善工作永无止境。安全管理不仅关乎员工意识，体现为企业制度，它还会对员工的生命安全带来重要影响。企业必须将其当作一件大事，不断维护改善。

1. 安全改善的原则

（1）持续改善。安全改善的内涵是持续不断地改进，即在日常的工作中，每名生产人员和管理人员都要循序渐进地对现场环境进行变革。随着时间的推进，这些微小的改进会给企业带来巨大的成果。

（2）全员参与。企业在进行安全改善时，要充分发挥各部门的作用，做到全员参与。只有全员参与，安全改善才能有效执行。

2. 安全改善的实施步骤

安全改善有一定的实施步骤，如图 6-7 所示。

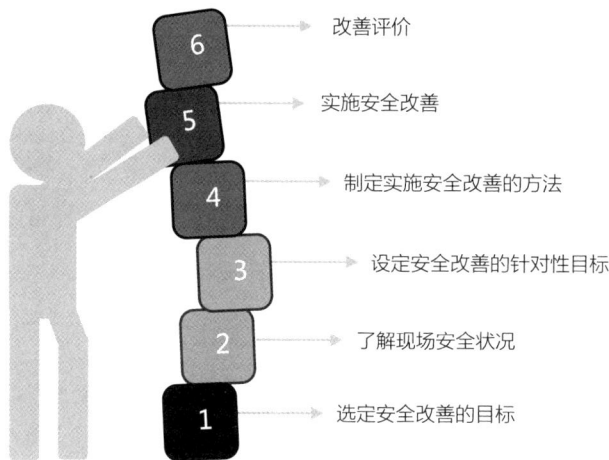

图 6-7　安全改善的实施步骤

企业在安全改善的过程中要坚持"改善无止境"的原则，抛弃旧的观念，集思广益进行创新，要对安全现状大胆质疑，不断提出问题并加以解决。

（1）选定安全改善的目标。不同行业中的不同企业、同一企业在发展中的不同时期，均有不同的安全改善的目标。管理者在选定安全改善的目标时，应从现场最薄弱的环节开始，并且选定的目标要使整个团队的员工达成共识。

（2）了解现场安全状况。企业根据现场过去和现在的生产情况、设备运行情况、物料堆放状态、事故发生率等资料信息，分析和了解现场安全状况。

（3）设定安全改善的针对性目标。管理者根据对现场安全状况的了解，针对薄弱的环节设定安全改善的完成目标。例如，对管道连接处和设备的螺母等进行加固处理，或定期检查、更换设备密封圈等。

（4）制定实施安全改善的方法。以下内容为实施安全改善的方法。

①制定现场安全作业标准，让员工按照标准进行操作。

②加强安全作业标准培训。

③使用目视管理的手段。例如，在车间的墙壁上、作业台上等显眼处张贴操作规范，使员工按照操作规范作业；给操作不熟练的新员工戴上蓝色丝带，

让员工和管理者能够一眼就知道谁是新员工，以便帮助其开展工作。

（5）实施安全改善。管理者带头，带动全员参与，严格按照以上方法进行安全改善。

（6）改善评价。安全改善活动结束后，管理者或培训机构对改善结果进行分析、评估，并做出具体评价。同时，企业应将改善过程加以记录，并将有明显效果的措施标准化、制度化，作为下一次安全改善的依据。

第 7 章

人才育成

人才是企业发展最重要的资源。企业的竞争归根结底是人才的竞争。人才的高度决定企业发展的高度，而培养人才最有效的方式就是培训。培训能提升员工素质，提高员工的生产效率和服务水平，从而提升企业核心竞争力，构筑企业持续发展的根基。

7.1　现场管理基础

精益现场要求现场员工通过使用一系列精益生产工具，持续改善生产活动，最终塑造出稳定高效的生产现场。在此过程中，精益生产工具必不可少，而培养员工识别和使用这些工具的能力更是重中之重。

7.1.1　5S 基础培训

5S 基础培训的核心是提升员工的品质，为企业培养懂管理、会改善、有素养的优秀员工。5S 基础培训通过提升员工的职业修养，使员工养成良好的工作习惯和作风，按章操作，依规行事，确保员工获得自身素质和工作技能的提升，与企业共同发展。

企业应对每名员工进行 5S 基础培训，这样不仅可以提升员工的综合素质，还能形成良好的工作氛围。培训之后，大多数员工能够遵守 5S 管理，而其他少数员工也能在耳濡目染中逐渐适应这种科学的管理方式。全体员工将由此认识到 5S 管理提高工作效率、提升个人素养的重要价值。

5S 基础培训分为岗前培训和在岗培训两种。

（1）岗前培训。岗前培训是员工上岗之前的培训，此时是实施 5S 基础培训的最好时机。由于员工对企业还不了解，培训能使员工更快进入角色状态，建立组织归属感和凝聚力。培训的内容主要包括以下 4 个方面。

①了解即将面对的工作内容和学习岗位必备技能。

②学习企业日常规章制度。

③学习企业文化、目标、宗旨、理念等。

④熟悉企业内外部环境。

（2）在岗培训。在岗培训指为在岗员工提供学习和提升的机会。员工完成工作之余参与各种技能培训，一方面能提高在本岗位员工的素质水平，另一方面也能让员工掌握更多的技能，满足岗位调整需求，为企业发展打基础。为了确保全面提升员工素质，除了技能水平上的学习，企业还应培养他们注意日常行为规范，因为这不仅代表着个人的形象，也代表着企业的形象。

在岗培训的主要方式包括以下4种。

①岗位见习，老员工带领新员工熟悉新岗位或新技能。

②岗位轮换，同一名员工在不同岗位上轮训。

③参加技能专业讲座，以系统了解更多工作技能。

④同行业考察交流。

7.1.2　工业工程七大浪费培训

市场竞争日益激烈，企业只有拥有更高的生产效率才能不被淘汰。工业工程现场最容易出现七大浪费现象，这严重阻碍了企业经济效益的提高。作为生产活动的主体，员工应接受七大浪费培训，培养避免浪费的眼光和能力，这样有利于递减生产现场成本，有效增加利润、简化作业，确保工作能更轻松、安全地完成。

工业工程七大浪费培训的内容，主要有以下几个方面。

（1）了解什么是浪费。很多员工往往认为只有"多出来"的东西才是浪费，实际上，浪费指的是在制造过程中不产生附加价值的任何行为和物品。通过了解什么是浪费，员工能意识到浪费的危害性。

（2）识别现场浪费的种类。工业工程七大浪费分别是过量生产、等待、废品或返工、无用的操作、运输或搬运、加工过剩、库存。企业应培训员工识别这七大浪费的种类，以及时发现浪费并尽早采取对策。

（3）采取对策。企业应培训员工根据不同的浪费种类，选择不同的对策。消除浪费的常用对策有 5W1H 方法和 ECRS 原则。通常，这两种对策的现场培训是重点。

5W1H 方法常用于培训中向员工提问，便于引导他们找出问题原因。表 7-1 所示为 5W1H 方法。

表 7-1　5W1H 方法

项目	问题	改善方向
why	目的是什么	去除不必要及目的不明确的工作
where	在什么地方执行	有无其他更合适的位置和布局
when	什么时候做此事	有无其他更合适的时间与顺序
who	由谁来做	有无其他更合适的人
what	做什么	可否简化作业内容
how	如何做	有无其他更好的方法

培训中向员工提问并非单纯为了提出问题，而是为了明确方向，找出问题症状。管理者应引导员工正确地提出问题，例如关于 how 这个方向，管理者可以要求大家集思广益提出各种方法，然后从中选出最合适的方法。这样才能让员工明确提问的重要价值，形成思维模式和操作习惯，实践中遇到其他问题的时候，利用 5W1H 方法就能迎刃而解。

ECRS 原则主要用于培训如何改善方向、解决问题，其主要内容包括取消（climinatc）、合并（combinc）、重排（rcarrangc）、简化（simplify）。管理者需要让员工明确解决问题的流程，让员工清晰地知道现在处于哪一步。例如当完成"取消"步骤后，引导员工思考无法取消的流程是否能合并，以达到省时简化的目的。这样员工不仅能学会如何发现问题，还能亲身体会解决问题的整个流程。

（4）填写七大浪费识别表。在培训中，管理者应引导和教授员工填写七大浪费识别表，填写该表格是解决浪费问题操作流程的开始。员工通过对现有问题进行描述，完成对浪费的分类，并利用 5W1H 方法和 ECRS 原则提出合理化改善建议，最后填写整改完成日期。员工填写完整个表格后，能更清晰明确地认识以往的浪费问题，并真正在行动上学会消除浪费。

7.1.3 班组组长一日管理培训

班组组长一日管理是企业生产管理的重要部分，班组组长作为"兵头将尾"，是企业组织架构中的沟通桥梁。班组组长一日管理培训能让各班组组长得到提升和成长，即使面对繁重复杂的工作，也能把握工作节奏，提高工作效率。

班组组长一日管理培训的内容主要包括班前管理、班中管理、班末管理及每周例行工作。

（1）班前管理。班前管理主要让班组组长学会做好班次生产前的所有准备工作。班组组长想要做好班次生产前的所有准备工作，需注意以下几点内容。

①与上一班班组长点对点交接，查看交接记录本。

②回顾上个班次生产数量。

③与车间主任交流。

④巡视生产线目视管理板，了解板上的信息。

⑤检查开班前的现场 5S。

⑥组织班前会。

（2）班中管理。班中管理是班组组长一日管理培训的重点内容，主要有以下重点。

①现场巡视，包括作业观察、5S 安全状态检查、品质检查、零部件和材料的存量检查确认。

②把握某段时间的生产实绩。

③向上司报告生产状况。

④后勤事务的处理。

⑤出席联络会议。

⑥对于指示事项的实施状况进行检查。

⑦确认作业。

⑧品质、异常的情况收集和反馈。

班中管理主要以巡视和检查为主，因此应重点培训班组组长细心做好作业观察记录表，巡视和检查后进行作业指导并进行指导内容记录。

（3）班末管理。许多班组组长重视班中管理，但却忽略了班末管理，企业应对此进行重点培训。班末管理的主要工作是整合统计本班生产数据，审核报表，准备与下一班次的班组长交接，并将关键信息记录在交接记录本上。在培训时，管理者一定要提醒所有人对此细心整理，因为这影响着下一班的工作效率与计划。

（4）每周例行工作。每周例行工作的培训内容，主要是让班组长根据一人多岗的要求对员工进行培训。其中包括按多技能培训计划对员工进行验证、按培训计划对新进员工进行培训，以及每周对一个工位进行工位复审并将审核记录交给部门经理等。

为更高效地实现班组组长一日管理培训，企业可以制定班组组长日常工作清单，将班前准备、班中管理、班末管理和每周例行工作的工作培训事项罗列出来，并预计完成每项培训的时间。通过这样的培训，班组长在实际工作中，工作内容会更清晰，效率也会更高。

7.1.4　红牌作战培训

红牌作战是 6S 管理的重要工具，是发现问题、暴露问题、标识问题、限期整改、持续改善的高效方式。红牌作战培训主要包括以下内容。

（1）引导理解红牌作战的目的。企业通过培训，让所有员工理解红牌作战的目的，熟悉红牌作战的过程。员工需要了解这一工作方式的关键在于对现场问题发出"红牌"，责令责任人限期整改并举一反三，找出更多存在的问题，持续提高现场管理水平。

培训时，企业应让员工意识到红牌作战需要经过 4 个步骤。

①发行，即找出存在的问题。

②实施，即解决发现的问题。

③回收，即检查问题的落实情况。

④总结，即统计、分析问题并找到标准化的解决方式。

（2）熟悉红牌作战的时机和范围。企业通过培训，让员工意识到在 6S 管理推行过程中，全程都可以实行红牌作战，但优先在整理、整顿、清扫、清洁4 个阶段实行。在范围上，员工应意识到红牌作战可以作用于任何地方，无论是车间、仓库还是办公室等。在频率上，员工应了解阶段性差异。在 6S 管理推行初、中期，问题较多，为发现和解决问题，每月应举行两次红牌作战；到后期，问题已经基本整改完毕，每月举行一次即可。

（3）确定红牌作战资格。培训要点首先是现场没有非必需品且必需品已分类放置，其次是满足三定三要素的要求，其中三定指的是定点、定量和定容，三要素指的是场所、方法和标识。只有满足以上两个要点的事项达到 80% 以上才可参与作战。

（4）红牌作战实践。红牌作战实践培训，首先要帮助员工明确红牌作战的组织架构与职责，包括推进组长、指导员、推进干事、推进委员、受检部门的选择；接着进行红牌作战培训，主要是人员分组、区域划分和作战轮值表填写；最后是进行小组分工培训，小组分工按照顺序进行协作，人员安排如下。

①找问题人员（所有成员）。

②红牌填写（1人）。

③发行记录（1人）。

④拍照、贴红牌（1人）。

员工在实践前还需进行物料准备培训，物料包括红牌、记录表、板夹、签字笔、油性笔、照相机、美纹胶带等，数量由各组平均分配。

（5）红牌作战误区更正。红牌作战时，很多人会觉得红牌发得越少越好，其实这会导致失去发现问题的机会；还有人认为"我改就是了，你别发红牌"。这些情况出现的原因在于员工没有正确地意识到发红牌是在帮助自己找问题。推进小组应结合培训，事先对这些误区加以强调，帮助员工对错误思想加以整改。

红牌作战培训的要点是要让所有员工熟悉红牌作战的整个流程。他们应该由此意识到红牌作战时管理方不会心慈手软，只要有问题就必定会贴红牌并拍照为证。只有这样，当培训落实后，企业的相关问题才能得到彻底整改。

7.1.5　高效班前会培训

开班前会是每个班次开始生产前的重要工作，主要由班组长主导开展。班前会的作用在于回顾上个班次的指标情况，分析改进机会，明确本班目标，分配工作。在开会时，班组长应鼓励大家发言，反映问题，鼓励提交改进建议。班前会还应包括一些日常检查工作，班组长在其中要做好自身表率和监督，例如员工是否按规定穿戴劳保用品，特殊工种是否持证上岗等。

为了让班组长开好班前会，企业必须对他们进行相关培训，帮助他们认识到高效班前会包括以下几个步骤。

（1）会前做好充分准备工作，如统计上个班次数据、准备今日会议要点等。

（2）整队问好，记录考勤，根据问好声音判断员工状态。

（3）总结昨日工作情况，安排今日工作，传达企业重要通知。

（4）鼓励员工分享或对员工进行培训，解决员工提出的问题。

（5）鼓舞士气，提高员工精神状态，让员工准备开始工作。

（6）例行检查，包括劳保用品穿戴、工牌佩戴等。

（7）就地解散，回岗工作。

高效班前会能让员工清晰地知道工作目标，拥有一个更好的精神状态，从而使工作效率显著提高。在召开班前会之前，班组长应做好充分准备，提升自己的语言表达和沟通能力，节省大家的时间，准确地传达信息。因此，班组长语言沟通能力的培训，也是班前会培训的重点内容。

7.1.6　油漆作战培训

油漆作战的主要内容是对工厂厂房、管道、设备等各种设施上色，使观感整体统一。油漆作战能节约成本，还能提升员工之间的协同作战能力。油漆作战培训可以让员工更熟练地掌握刷漆的技巧，更高效地完成油漆作战。

油漆作战培训主要包括以下内容。

（1）熟悉整个刷漆流程。因为大部分员工没有刷漆的经验，油漆刷了之后又比较难清理，所以先熟悉流程可以减少刷漆时的成本浪费。

刷漆及刷漆后总共有 6 个步骤，如图 7-1 所示。

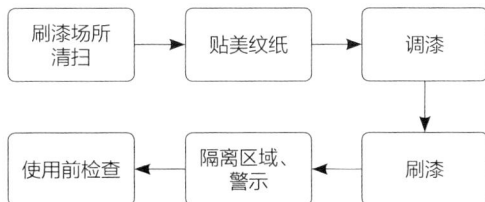

图 7-1　刷漆及之后步骤

（2）了解油漆画线操作标准。油漆画线标准化有利于厂区实行目视管理。油漆作战往往有多名员工参与，标准化操作流程培训可以让每一名员工都参与进来。油漆画线操作标准主要有以下几步。

①表面清理，并保持干燥无水。

②刷漆区域外贴美纹纸，防止其他区域被污染。

③调漆，根据不同区域的推荐比例进行调和，必要时先局部试验。

④刷漆，大面积采用滚动刷法，小面积采用刷子刷法。刷漆过程中记得每隔 10 分钟搅拌一次油漆，防止油漆硬化沉淀。

（3）油漆作战注意要点。企业培训时提醒现场员工在进行油漆作战时需要注意以下几点。

①刷完后及时清理现场并设立"油漆未干"标识。

②刷漆设施使用前需确认是否已干。

③刷漆前其他部位要贴美纹纸或者铺上纸张。

（4）油漆工具准备事项。购买油漆时，员工需查看有效期，避免过期导致的油漆很难凝固。员工还应通过培训了解所需颜色，最好能统一购买，因为不同品牌、不同厂家的调色技术不同，普通人较难掌握。

涂抹工具方面，大面积涂抹的使用油漆滚筒，小面积涂抹的可以根据需要选择不同尺寸的毛刷。员工应通过培训，掌握这些工具的具体使用方法。

7.1.7 危险预知训练培训

安全是企业管理者和监督者永远的课题，也是生产现场的最基础保障。危险预知训练培训实际上是在培养懂安全的员工，通过控制员工的不安全行为、避免物的不安全状态，防止人为失误导致的事故和灾害。

危险预知训练培训在于让员工了解解决问题的办法。其中最常用的是 4R 方法，通过该方法的循环使用，现场员工能预知可能发生的危险，并找出方法避免危险发生。表 7-2 所示为 4R 方法。

表 7-2　4R 方法

步骤	危险预知训练步骤	危险预知训练
1R	现状把握	找出存在的潜在危险
2R	追究根本	这是危险的关键点
3R	树立对策	要是你的话会怎么做
4R	目标设定	我们应该这么做

4R 方法主要内容如下。

（1）1R 即现状把握。培训者在培训中让员工观察现场，找出现场存在的潜在危险，或者有怎样的安全隐患。其主要实施点在于现场所有的物品。

（2）2R 即追究根本。培训者通过培训，引导员工找出危险的关键点，不遗漏任何可能发生危险的部位，让员工意识到对于安全问题一定要耐心细致，不可以存在侥幸心理。

（3）3R 即树立对策。培训者要求员工寻找可实施的具体对策，让员工站在自己的角度去想如果危险发生在自己身上，自己会采取怎样的对策。随后，培训者应让员工发表所有的对策，最后组织所有员工共同判断对策的可行性，选择最合适的对策。

（4）4R 即目标设定。培训者确定对策之后，动员所有员工共同制订行动的具体计划，标记出重点项目，设定团体目标并由众人呼出口令确认。

做完以上的内容，紧接着要总结，要指出危险要点，准备开始行动。在培训现场，培训者规定所有员工喊出确认要做的项目名称或者指出危险要点，进行 3 次口令演练，为开始行动做准备。

7.2 现场管理技能培训

一线管理人员技能培训是现场管理的基石。企业让一线管理人员承担培训员工的责任，可以让员工在不脱产的状态下解决工作问题，提升团队协作能力。

7.2.1 现场指导员

现场指导员是现场管理的重要角色，不仅负责生产项目的推进，还负责现场人员的培训及现场管理有关事项的沟通和协调。

现场指导员在训练环节起着关键作用，因此，指导员需要具备良好的综合素质，并具备以下能力及意识。

（1）学习的能力。随着企业发展与业务扩张，员工需要掌握的技能或设备操作技术等逐渐增多，指导员作为生产项目的推动者，必须率先熟悉各种知识和管理制度。在训练期间，指导员自己要先多问"为什么""怎么做"；指导员也应率先养成记录的好习惯，在训练后随时可以翻开记录本学习。

作为生产现场改善活动的先行者，在训练期间，指导员不仅需要学习理论，还要跟员工共同参与一线实践，在实践中发现问题、解决问题。例如，当企业为了扩大生产、引进新设备时，指导员需要迅速了解具体操作和维保流程，了解安全注意事项等，自己跟着流程观察一遍，发现其中存在的不足并着手培训员工改进。

（2）时间管理的能力。指导员的现场工作任务繁多，因此必须学会时间管理。指导员应学会高效利用时间，能在短时间内将工作分出轻重缓急，并根据工作重要性进行计划和分解，以要求员工严格执行。

（3）制订计划的能力。现场管理要求员工做事有条理，能按计划高效执行。指导员在帮助员工制订计划时应积极贯彻 5W2H 法，确定计划目标时则需遵循 SMART 原则，即具体（specific）、可测量（measurable）、可实现（attainable）、合乎实际（realistic）、有时限（time-based）。

（4）科学解决问题的方法。科学解决问题的方法是 PDCA 循环，即计划（plan）、执行（do）、检查（check）、行动（action）。出现问题后，指导员要及时按该方法指导员工解决，必要时可申请增援。

（5）沟通的能力。指导员不管与领导还是与员工进行沟通，都要做好准备，确保能将思路或方案正确传达给对方。

（6）PPT 制作能力。PPT 是指导员对外沟通的工具，具备 PPT 制作能力有利于表达想法，并让所有人更直观地接受自己传达的信息。

（7）问题意识。优秀的指导员应有挖掘问题的能力，需要不断在实践中发现精益现场存在的问题及问题产生的根源。

（8）总结能力。指导员每天都要接收和传达各种信息，如果事无巨细地将这些信息复述一遍，会影响现场员工的工作进度和效率。因此指导员必须具备总结能力，能在现场培训中将所需传达的信息做成报告，简明扼要地告诉大家。

（9）循环改善的意识。企业在发展，现场改善无止境。指导员即使不要求员工保证每一次都做得完美，也要鼓励员工不要放弃。员工的每次改善都是一种进步，员工要做到循环改善，持续进步。

（10）营造氛围的能力。不同企业推进精益现场管理的条件成熟度不同，由于传统管理方式根深蒂固，企业内并不是每个人都支持改革。为此，指导员应通过营造氛围来烘托精益现场管理的重要性。例如通过有奖征文、班组评比等方式来让大家学习精益现场管理的相关知识，或通过一些固定活动来宣传精益现场管理，例如利用每天固定的 10 分钟时间进行清扫活动等。

（11）制订标准的意识。制订标准是精益现场管理的主要工作方法之一，具体标准形式包括可视化手册、岗位可视化规范等。标准化解决问题的方式有利于在整个企业内推行，减少解决问题的时间。为了适应企业发展，企业制订的标准也要在实施和改善过程中不断完善，而指导员必须要跟随这样的发展需求，意识到标准的重要性。

（12）分解和汇报作业的能力。指导员的主要工作就是将上级领导分配的任务分解和汇报给各部门或班组。领导下发任务时，往往会将任务简化为目标或结果，而指导员则需要通过现场指导培训，将之细化分解为不同的步骤进度，然后再分发给各个部门或班组。

例如当领导要求全企业所有员工参与 6S 内容考试时，为确保任务顺利进行，指导员需要制订计划并按照计划实施统一培训、考试、成绩分析、不及格再培训和考试，最后再将整个考试情况以报告的形式上交给领导。

7.2.2　TWI- 工作指导培训

当生产现场发生职务变更、工作方法变更或有新入职员工时，为确保员工能顺利完成新的工作要求，指导员需要对员工进行 TWI（Training Within Industry，即一线主管技能培训）- 工作指导培训。

TWI- 工作指导培训是指让一线主管掌握正确、安全、有效的指导员工作业的技能，以使员工能在理解的基础上严格遵守标准作业。表 7-3 所示为正确的指导方法示范。

表7-3　正确的指导方法示范

第一阶段	学习准备	1. 告知学员做何种工作 2. 了解学员对工作的认知程度 3. 营造学习气氛 4. 使学员平心静气
第二阶段	传授工作	1. 将主要步骤一步步讲给学员听，写给学员看，做给学员看 2. 反复强调要点 3. 耐心指导 4. 指导要结合学员的理解能力
第三阶段	学员试做	1. 让学员试做 2. 让学员一边试做一边说出主要步骤 3. 让学员一边试做一边讲出要点
第四阶段	考验成效	1. 安排学员上岗实习 2. 鼓励学员发问 3. 慢慢减少指导

正确的指导方法有以下阶段。

（1）学习准备。指导员应抛弃一上来就直接讲授的旧方法，在指导开始前，应先告诉学员即将做何种工作，了解学员对接下来工作的认知程度，营造学习气氛，使学员平心静气，这样才能让学员更快地进入学习状态。

（2）传授工作。学员进入状态后，指导员开始传授工作。指导员需将主要步骤一步步讲给学员听，写给学员看，做给学员看。在此期间，指导员需对要点进行反复强调，结合学员的理解能力，清楚、完整、耐心地进行指导。

（3）学员试做。学员听完和看完指导后开始试做，此时指导员的主要工作是帮学员改正错误。在试做的时候，指导员应让学员一边试做一边说出主要步骤，然后再试做一次，同时说出要点。这样的教学方式能让学员深刻理解所学流程和要点，只有学员既能做出来，也能讲出来时，才是真的学会了。

（4）考验成效。在此阶段，学员已经掌握所学内容。此时，指导员可以安排他们上岗实习，体验正式工作流程。实习过程中，指导员应鼓励学员遇到问题马上发问，引导他们独立解决问题，并慢慢减少对学员的指导和协助，直至学员可以独立完成工作。

为规范教学，指导员可以运用工作指导法检查表进行检查，检查表里面包括指导方法 4 个阶段的详细步骤清单。企业高层管理者只需根据清单进行打分，即可判断指导员的指导是否到位。

7.2.3　TWI- 工作安全培训

企业现场安全生产方针是安全第一、预防为主、综合治理。TWI- 工作安全培训能充分唤醒员工的安全意识，消除不安全行为，避免事故的发生。

TWI- 工作安全培训的重点内容如下。

（1）帮助一线管理者明确自身承担的安全生产的责任。安全无小事，一线管理者需要重视安全管理，规范员工操作，认真检查作业现场，预防事故发生。

（2）引导员工了解事故发生原因。事故发生原因包括不安全的状态和不安全的行为。不安全的状态指的是防护不当、设备不符合安全要求等，不安全的行为指员工操作错误、安全意识差等。

（3）消除不安全状态。不安全状态主要跟现场的"物"有关，消除不安全状态要求现场必须做到 5S，包括检查机器是否在正常状态下运行，禁止机器超负荷运转，现场各项防护设施符合安全要求等。

（4）消除不安全行为。消除不安全行为主要从对现场员工的培训抓起，员工必须按要求穿戴劳保用品，同时还应遵守作业规定和安全要求，保持健康的状态，不可麻痹大意。管理团队应定期进行安全检查，提高所有员工的安全防范意识。

（5）掌握安全管理方法。企业应重点培训的安全管理方法主要包括安全管理四阶段法和危险预知训练法。

安全管理四阶段法包括 4 个阶段，如图 7-2 所示。

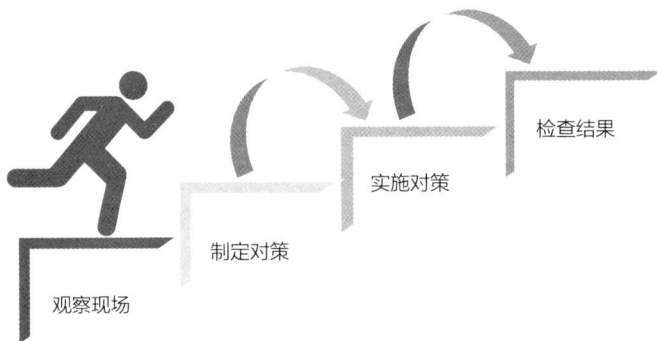

图 7-2　安全管理四阶段法

4 个阶段分别如下。

①观察现场，找出可能引发事故的问题。

②制定对策，针对可能引发事故的问题。

③实施对策（5W1H 方法），解决可能引发事故的问题。

④检查结果，确保没有新问题产生。

危险预知训练法是通过掌握现状、追求根本、制订对策、目标设定 4 个阶段来培养员工针对安全问题的解决方法。

这两种方法的本质都是发现问题、找出原因、解决问题，在实际工作中常常会结合使用。

（6）坚持"三不伤害四不放过"原则。"三不伤害"是指不伤害他人、不伤害自己、不被他人伤害，即保护自己、保护他人。"四不放过"是指事故原因不清楚不放过，对事故相关者的教育不放过，没有落实防范措施不放过，安全事故责任者没受到处理不放过。企业通过坚持"三不伤害四不放过"原则，能引导员工重视安全问题中的每个细节，做到对其中任何一个因素都不能懈怠处理。

7.2.4　TWI- 工作关系培训

工作关系的处理是管理者与员工每天都会遇到的事务。一个好的工作关系环境能使管理者与员工相处融洽，配合度高。构建良好工作关系的本质是让主管变成"管理者"而非"上司"。在这样的工作关系中，管理者能让员工感受到工作的重要性，主动地去完成工作；而单纯上司的身份只会让员工感觉自己是在被强制安排工作。因此，TWI- 工作关系培训的目的是，当管理者安排员工工作时，员工能按期望的时间、方法尽心尽责去完成，而不是怀着抵触的心理去应付任务。

TWI- 工作关系培训内容主要包括以下几个方面。

（1）管理者要告诉员工工作情形如何。管理者需要明确告诉员工怎么去做，并且知道员工如何才能做得更好，提醒他注意什么或询问他是否需要帮助，而不是直接吩咐。管理者如果不加指导就想取得一个好的结果，这样只会给员工压力，使员工产生很强的抵触心理。

（2）管理者应懂得激励表扬员工。管理者需要懂得如何发现员工的优点，当员工表现好时，管理者应及时表扬，对优秀员工进行物质奖励或者晋升提名，这样就能激励所有员工发挥自身特长。

（3）管理者应尊重员工并提前沟通。凡是与员工变动有关的事情，管理者都应利用培训机会与员工提前沟通，讲清变动的必要性，听取员工的意见，确保相互尊重。长此以往，员工会更加信赖管理者。管理者不仅需要尊重员工的看法，还需要尊重每位员工的个体差异。例如根据员工的状态或条件，安排合适的任务，这样员工会更加乐意去完成。

良好的工作关系能使员工心甘情愿地做管理者希望他做的事。管理者必须在日常的合作实践中，不断学习妥善处理工作关系的技能，让员工是因为愿意工作而工作，而不是因为需要工作而工作。

7.2.5 TWI- 工作改善培训

企业之间竞争日益激烈，作为企业的基层管理者，班组长除了监督员工完成日常任务外，还需要不断对整体工作进行改善。其改善内容包括消除浪费、提升产量与工作效率、强化安全管理、增强沟通能力等。

TWI- 工作改善培训被分为 6 个步骤。

（1）选择改善对象（问题）。通过培训，班组长应学会如何从现场情形中发现急需改善的问题。

（2）观测及记录现状事实。在该步骤中，班组长应针对发现的问题进行现场实勘，并记录整个过程。记录时内容应详细客观，避免由于是常见的操作和过程就省略，因为问题很可能隐藏其中。

（3）找出问题点。问题点不容易找出时，指导员应通过培训班组长，要求他们学会通过记录现实情况来描绘工作程序或者流程图。班组长可利用5W1H方法找出问题点。

（4）寻找对策。通过培训找出问题点后，指导员可要求班组长从不同角度来寻找对策。此时，指导员可以集思广益，让大家各抒己见，再一一帮助判断对策的可行性。例如当员工抱怨人手不足时，指导员可以引导大家从工作量分配不均的角度，或从物料放置不合理的角度来思考对策。

（5）确定对策。通过不同角度的思考，现场团队收集了很多对策。在这一阶段的培训中，现场团队可以通过合理性、可行性研究，最终确定最合适的对策。

（6）推行新对策。通过以上步骤，问题解决方向基本明确，对策得到执行。此时，班组长可以召集员工研究新的对策，这意味着结合改善实践调整对策方案，并要求员工重新深入推行。

企业在生产过程中会遇到许多问题，例如浪费、工作效率低、员工安全意识薄弱等，这些问题都可以通过以上 6 个步骤来进行改善。即使是那些已经被认为做得很好的工作，也很可能利用这一培训形式，演化出更加合适的方案。

7.2.6　生产线平衡墙培训

生产线平衡墙是通过节拍时间、周期时间等的组合来分析工序平衡状态的工具。为了让生产线减少工序的等待、工时的浪费，改善团队在对员工进行生产线平衡墙培训时应特别注意以下几点。

（1）建立生产线平衡墙。培训者需要明确本生产线的各道工序，统计每道工序的步行时间、非增值时间、增值时间、实际节拍时间，将这些时间指标进行分类，以工序为横轴、时间刻度为纵轴，建立生产线平衡墙。在培训时，培训者可以要求所有人画出所负责工序的生产线平衡墙，这样就可以客观地反映所在工序的时间均衡化程度。

（2）识别瓶颈工时，计算平衡率。通过生产线平衡墙，所有人都可以看到所在工序中最慢的环节，即常称的瓶颈工时。通过培训，员工能具备识别瓶颈工时的能力，这样员工通过平衡率计算公式就可了解各工序节拍符合度的综合比值。培训者可以进一步引导员工计算平衡率，这样员工就能更客观地看到所在工序的节拍符合度。

（3）节拍分析，实施改善。培训者引导员工学习对生产线平衡墙进行分析的方法，主要包括工位评估、现场分析、影像分析、专业评估等。培训者带领员工应用这些方法加以分析，可以得出增值时间、非增值时间和步行时间。明确这些时间指标后，可以通过 ECRS 原则着手改善。例如在某车企装配车间中，贴左边彩条是装配左裙板的下一道工序，但在装配左裙板工序还剩两个工作要素、用时各为 20 秒时，贴左边彩条的工序已进入步行时间。此时可以将一个 20 秒的工作要素分配给另一个工位，如此改善即可减少步行时间或瓶颈工时，提高平衡率。

（4）接近平衡，持续改善。瓶颈工时是由于人、机、料、法、环的存在而产生的，一条生产线上可能会存在多个瓶颈工时，企业可能永远无法彻底消除瓶颈工时。但通过培训，企业能够尽可能使各工序处于最接近平衡的状态。

精益现场管理注重持续改善的生产理念。当生产线平衡墙显示各工序已接近平衡状态时，培训者就得思考是否有办法打破固有平衡。他们需要利用培训机会发现问题、接近问题，引导所有员工朝着持续改善的方向前进。

7.2.7 动作分析与改善培训

动作分析与改善是将员工作业时的每个动作进行细化，尽可能改变作业过程中存在的不够科学合理的动作，形成标准化作业，以达到提高工作效率的目的。企业进行动作分析与改善培训，有利于降低成本、提高生产效率，在具体培训时可从多个方面入手改善。图7-3所示为动作分析与改善培训流程。

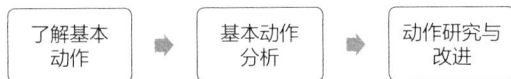

了解基本动作 ➡ 基本动作分析 ➡ 动作研究与改进

图7-3 动作分析与改善培训流程

动作分析与改善培训的内容主要如下。

（1）了解基本动作。培训者首先应向员工讲述基本动作，让所有人了解不可省略的动作、不够科学合理的动作、完全不需要的动作。

（2）基本动作分析。在分析开始之前，培训者让大家回忆平时工作的操作顺序，接着记录每个作业动作的分类，记录完毕后筛选出所有不合理的动作，提出改进建议并记录。例如一条男士半袖衬衣生产线上，有拿送领座、压脚、缝纫3个基本要素，拿送领座时有个探寻领座的动作，此时员工处于空手等待状态，而缝纫时员工也是处于空手等待的状态。因此培训者就应该考虑员工是否在缝纫的时候拿送领座，以减少空手等待的时间。

（3）动作研究与改进。分类与分析完毕后，培训者还需结合实际对提出的建议进行改进。改进遵循的原则如下。

①减少基本动作，不需要的动作坚决不要。

②增加能同时工作的作业环节或辅助工具。

③控制作业范围，减少步行时间。

④操作顺序流畅，动作舒适。

进行动作分析与改善时，培训者需要按照动作的经济原则，要求所有基本动作都必须舒适、有目的性，以制定出员工个人最佳的标准化作业方法。

工作中的细节动作浪费对员工个人来说可能影响较小，但放大到整条生产线上，对整个企业的长久发展所造成的负面影响是难以估量的。对于企业管理者来说，动作分析与改善培训的作用不可小看。

第 8 章

现场质量管理

产品生产过程中，企业应进行严格质量管理，并在保证质量的同时控制成本费用，提高生产效率。企业的现场员工必须具备质量意识，遵循相应的作业规范与流程，生产高质量的产品，减少直至杜绝不良品带来的浪费。

8.1 现场质量管理基础

不合格产品的检查体系是企业现场质量管理的基础。企业在指导员工进行生产加工前，应先对产品质量标准进行明确规定与量化，明确不合格产品的认定标准，以及对不合格产品的反馈制度。一旦出现不合格产品，企业应立刻停止生产作业活动，清查具体原因，同时采取相应措施，使产品质量问题得到及时解决，避免因继续生产不合格产品而造成浪费。

8.1.1 现场质量管理概述

现场质量管理是指企业在生产过程中，即从原材料投入到产品产出入库的整个制造过程中，对产品质量进行的管理。

现场质量管理的重点场景是企业的生产车间，其核心是对生产现场影响产品质量的相关因素进行有效控制，旨在通过标准化的生产工序明确生产流程，建立质量防控体系，并制定完善的现场监督、检验、评价机制，以形成质量改进制度。现场质量管理能使整个生产过程的工序质量得到严格控制，保障生产现场稳定地生产合格的产品。

如果产品生产工序较多，产品由多个工序生产的半成品组装而成，那么企业应对每道工序生产的半成品建立单独的检查制度。企业需要检查每道工序的加工及作业过程，建立针对这些工序的不合格产品检查体系，避免出现由于某道工序的失误，导致后续工序人工及材料成本浪费的情况。

（1）明确检查体系的责任制度。企业应坚持产品制造者即产品检查者的原则，明确产品质量检查体系的责任主体。产品的质量检查应为生产过程中的一个必要环节，而非额外环节。生产人员应主动检查，确认产品的质量是否合格，以避免检查影响生产效率。

（2）明确检查体系的标准。企业应明确产品参数，对现场生产的所有作业流程实施精细化的标准，不断完善产品生产的规范化、数据化、标准化，使员工严格执行标准化作业。企业在此基础上形成不合格产品的质量检查体系，即可避免由于检查标准混乱而无法判断产品质量是否合格的现象，并能从源头控制产品的质量。

（3）明确检查体系反馈机制。企业应事先明确对不合格产品的反馈及处理机制。当产品或某道工序半成品出现质量问题时，产品制造者应主动从生产状态转变为调查状态，立刻停止生产活动并对作业环节进行调查，及时发现并纠正影响产品质量的问题，杜绝继续出现相同的情况。

8.1.2　现场质量管理的目标和任务

企业内的所有管理活动都应有清晰明确的目标作为指引。现场质量管理的侧重点在于确保生产现场环境的质量，其具体目标包括产品、交期、安全、成本、队伍5个方面。企业应追求在这些方面达到优质，并将之作为现场质量管理的长期发展目标和任务。

1. 产品

产品的目标和任务贯穿整个生产过程。从时间线上看，企业应针对产品的策划设计、生产过程、完工及后期回访情况，设置不同的现场质量管理的产品要求目标，如图8-1所示。

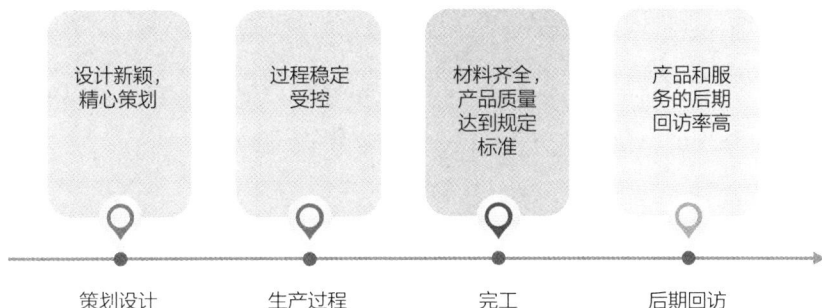

图 8-1 现场质量管理的产品要求目标

产品在策划设计方面的目标是设计新颖，精心策划。产品在生产过程上的目标是过程稳定受控，即在预设的控制范围内，实现稳定高效生产。产品在质量领域，应保证材料齐全，产品质量达到规定标准。产品在后期回访领域，还应确保产品和服务的后期回访率达到 100%。

2. 交期

企业应落实生产计划，控制生产要素，使生产活动顺利进行；提高产品生产率及劳工劳动效率，加强交期管理。对生产现场因素导致的交期延误问题，企业应有针对性的措施，以实现按期保质保量交货。

3. 安全

企业应秉承"安全第一，预防为主，综合治理"的方针，提前做好安全防御工作，以实现可持续发展。企业应在保证员工身体健康的基础上，确保财产无遗失。

在安全方面，现场质量管理的具体目标主要包括如下内容。

（1）员工安全管理目标。企业应确保员工在现场生产中遵守法律，杜绝违规生产作业，杜绝违规指挥，杜绝发生重大伤亡事故。生产区布置应符合防火、防盗、防爆、防雷电、防洪等安全措施，以创建健康安全的生产环境，并且安全防护设施使用率应为 100%，劳保用品及防护用品合格率应为 100%。同时，企业还应加强员工安全意识教育，培训率达 100%；安全管理人员持证率

100%，特殊工种持证上岗率 100%。

（2）设施安全管理目标。企业生产现场应权责分明，实行严格制度约束，确保生产场地中的设备设施和保管资产安全无损。

4. 成本

企业现场质量管理应提高资源（能源、装备、物料、人员等）的利用效率，杜绝浪费，控制成本，提高收益率。

5. 队伍

企业生产现场的队伍建设目标主要包括考核员工技能、作业能力，调整岗位安排，提高员工队伍整体质量等内容。同时企业还应激励员工发挥自主性和积极性，致力于培养综合型人才。

8.1.3 现场质量管理的内容

现场质量管理的内容主要是对影响产品质量的因素进行有效的管理与控制，主要包括人、机、料、法、环、信、测 7 个要素，如图 8-2 所示。

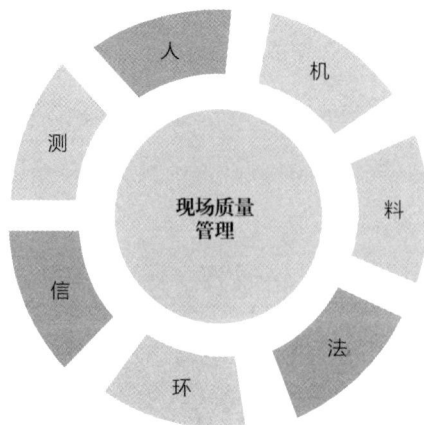

图 8-2 现场质量管理的内容

图 8-2 中的 7 个要素在产品生产过程中相互作用，企业应对各要素进行组合化管理，以实现现场质量管理中对产品、交期、安全、成本、队伍这 5 个方

面提出的目标与任务。7 个要素中最值得引起重视的是信和测。

（1）信，是指企业生产活动中内部信息的交换和共享。信息交换共享不仅存在于管理层与员工之间，还存在于员工与员工之间、部门与部门之间、项目与项目之间。没有任何一项任务是单枪匹马、孤军奋战就可以完成的，交流合作是不可忽视的衔接环节，是企业产品和服务质量提升的决定性因素。为此，企业应保证内部信息的可读性、有效性、完整性和透明性，提供易于理解的有效信息，并使之顺畅地传播。同时，企业应做好信息保密工作，以防止信息泄露或被盗窃。

（2）测，指检测、测量，是对生产结果的反馈。测量能清晰地展现企业一段时间内发展的优势和需要改进的问题。企业应采取多种测量方法对数据进行反复测量，并核查数据的一致性。测量人员应掌握最新的测量技术，使用误差小的测量仪器来提升数据的准确性。若数据反映出生产环节中的问题，企业应立即针对问题采取措施，更新生产计划和流程，以防止相似问题再次出现。若数据向好的方向发展，企业应在保持现阶段生产技术的基础上，钻研进一步提高生产力的方法。

8.1.4　现场质量管理制度

建立完善的现场质量管理制度，是实现现场质量管理的必要前提。企业应在产品从生产到出厂的每个环节，都建立相应的质量管理制度。

（1）产品设计环节的质量管理制度。企业应在产品正式投入生产前的设计环节，规范产品设计的数据与标准，形成完善的标准化体系。其中包括对产品设计数据及设计质量的管理，对相应参数进行比较测试等，以保证产品的设计质量，并方便后续环节中的具体操作与质量检查。

（2）产品生产环节的质量管理制度。产品生产环节中，企业应制定规范化的作业工序，重点检查产品及半成品的质量，建立完善的检查制度，统一检查标准，保证产品的质量水准。为此，企业应做好质量分析与记录，对出现的质量问题及时明确责任，杜绝同样的问题再次发生。

（3）产品生产辅助物资的质量管理制度。该制度主要管理的对象包括生产过程中的物料、设备、工具等。企业应对这些辅助产品生产的物资进行有效管理，避免出现物料缺失或质量不合格，生产设备损坏以及生产技术过时等问题。

8.2 工序质量控制

工序质量控制是利用数理统计等手段，通过对一部分过程（作为子样）的检验数据进行统计分析，判断整个生产过程中产品质量是否稳定正常。如果出现不稳定、异常情况，企业必须及时采取对策和措施加以改进，以控制过程质量。企业必须明确工序质量控制的含义和要求，并掌握工序质量控制的策略。

8.2.1 工序质量控制的含义

工序质量是指某道具体工序中的输出品的质量水平，既包括工序本身的完成水准，又包括本工序的产出质量对下一工序所应产生的影响。控制是管理活动中的重要环节，通常由企业检验机构严格按照工艺要求，定期定点进行检查。

企业通过实施检测计划和衡量现实操作中的质量差距，使不符合标准的物料、半成品、人员等不进入下一工序，以最大限度防止不利事件发生。因此，控制是一种有效降低错误发生概率的方式。

工序质量控制是企业现场质量管理的关键组成部分。工序质量控制是指在生产制造过程中控制工艺流程，减少残次品的产生，通过数据统计和其他方法，减少各要素的波动对生产结果的影响，从而达到质量输出稳定的效果。

工序质量控制的发生时间段在供应商供货和客户购买之间。企业先与供货商签订进货协议和加工安排协议，再部署员工按照加工要求对原材料进行增值加工；在此过程中，企业要对每道工序做到质量控制。完工后，企业对产品进行检查、修正，最终产品流入市场，供客户购买。

8.2.2　工序质量控制的要求

为使工序质量控制的效果有效发挥，企业应在以下方面达到要求。

1.　建立完整的工序质量控制体系

工序质量控制发生在输入转换为输出的全过程中。在控制过程中，质量核验和数据分析的工作，需要操作员工和管理者协作完成。企业应将各部分、各项目联系起来，构建成统一的工序质量控制体系。只有各部分工序质量控制都有所发展，企业才能使整体得以发展。

完整的工序质量控制体系包含以下 4 部分内容。

（1）出入库质量检验。

（2）推进质量工程建立发展。

（3）推进统计方法革新，量化发展成果。

（4）明确控制人员责任分工。

为此，企业应对出入库、质量工程、统计方法、人员责任进行重点核查和完善。

2.　设置工序质量控制站

质量控制的主要工作内容包括鉴别、把关、报告。工序质量控制站主要对工序质量控制中需重点控制的零件或产品的关键质量特性、关键部位或薄弱环节，在一定条件下、一定时期内加强管理，使工序处于良好的控制状态。

企业应贯彻落实预防为主的基本要求，设置工序质量控制站，检查材料质量状态、工具设备状态、施工程序、关键作业流程、安全状况、新材料新技术应用的情况，排查常见质量问题。同时，操作人员的行为及其他影响因素也应列入工序质量控制站中，作为预控检查项目。

3. 合理处理检验结果

数据分析后，企业应及时判断产品是否合格。验收的结果分为允收、拒收和特采。允收指不合格率低于指标，合格的产品应存放入仓库。拒收指一批产品中不良品过多，相关部门应及时办理退货换货等事宜。特采指由于特殊原因，不良品被破格采用，但仍需按严格的程序办理。企业应积极完善管理过程中的各项检验记录和试验数据，并将其作为工程质量验收的依据，为工程质量分析提供可追溯的信息保证。

8.2.3 工序质量控制的策略

工序质量控制的要点在于控制影响质量的可变因素的波动幅度。因此，工序质量控制的策略应针对人、机、料、法、环、信、测 7 个因素分别开展，我们之前提到过，这里详细解释下。

（1）"人"的策略。企业应强化全员"以顾客为中心"的质量意识教育，建立质量责任制，并加强工序培训。同时，企业应制定检测的操作规程和要求，让检测工作规范化、高效化。检测人员可以将经验技术传授给其他员工，使企业整体工作经验丰富化。企业应适度开展质量控制活动，这样有助于消除员工的厌烦情绪，并促进员工的自我提高。

（2）"机"的策略。机器设备作为加工原材料的主要工具，在工序质量控制中的作用非常重要。若不能控制机器设备的质量，输出产品的质量便得不到保证。

企业对于"机"的策略来自 4 个要点，分别是日常维护和定期检测、首件检验、点检制度、自动化，如图 8-3 所示。

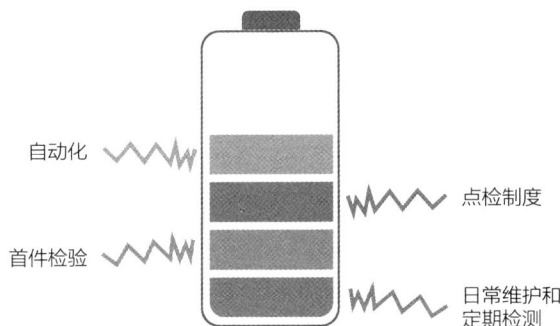

图 8-3　"机"的策略

在"机"的策略中，日常维护和定期检测是最基础的部分，企业应贯彻落实防患于未然的思想，加强机器的保养，定期检查，以预防机器质量问题。

首件检验是指在每个生产活动开始或过程变更后（如人员变动、器具更换等）对加工的前几件产品进行检查，一般检查 3～5 个产品。产品只有通过检查，才能投入生产。在工序质量控制环节中，首件检验主要用于确定定位或定量装置的调整量。

点检制度就如同人的体检，不同工序所使用的机器设备也需要按照固定的标准制度对每个部位进行检查，对于重点工序或重点部位的机器设备则要重点控制。

自动化是指在控制过程中，企业应尽量不要浪费人力资源，而是使用高科技手段自动定位并显示数据，分析数据异常状态及其成因。

（3）"料"的策略。企业进行原料采购时，应明确质量要求和相关规定，按照要求选择合适的供应商进行采购，加强对原料的检验。若某一供应商的货物经常出现质量问题，企业应立即断绝与其联系和合作。相应地，对于供货质量良好的供应商，企业应与其形成友好的协作关系，互利共赢，在供应商遇到困难时适当予以帮助。企业对于半成品的质量检验也至关重要，这关系着下一步的生产能否顺利进行。

（4）"法"的策略。企业应加强对员工的技术业务培训，减少不良品的产生，同时严查工艺纪律和秩序，对执行作业的进程进行检查，对员工是否遵循相关操作规定进行监督。

（5）"环"的策略。企业应尽可能控制环境中的可变量，使之相对稳定，保证环境变动幅度在某一可控范围内。例如，企业可以采取科技手段控制生产过程中的湿度、温度、噪声、振动幅度、照明程度、空气质量等。当然，不同产品对应的生产环境各不相同，企业研究人员应通过试验找到适合各种产品的最佳生产环境，使生产环境随产品而变化，而非保持在一个固定值。

（6）"信"的策略。信息传播在质量控制过程中具有重要意义，企业的应对策略应是控制过程接口，即控制信息流动过程的衔接。有些质量控制活动是由很多小规模的工序连续操作完成的，会同时涉及不同类型的工序，此时就更体现出了信息协调和联系的作用。如果不能通过信息分享实现紧密协作，企业就很难做到有效控制整个生产过程。

（7）"测"的策略。在检测工具的选择上，企业应选用精准度合格的检测工具。检测人员应根据规定的步骤进行定期检测，根据结果随时调整工序，并保存检测记录。一旦发现检测结果不准确，检测人员应立刻评估之前的检测结果是否有效。

8.2.4　员工质量意识提升策略

员工是企业生产中的主要劳动力，其工作中的质量意识与产出产品质量密切相关。强烈的质量意识会增加员工积极生产的自觉性，提升产出高质量产品的荣誉感；反之，员工质量意识不强，没有把质量和用户满意度放在首位，就会导致质量问题频发。

树立质量意识关键在于提升员工的素养。员工没有良好的素养，就很难有正确明晰的质量意识。素养培养是指运用教育、宣传等手段，使员工遵守规则和职业操守，让员工养成良好的言行举止习惯和从业习惯，进而达到提高员工整体文化道德水平的目的。

图 8-4 所示为素养培养的流程。

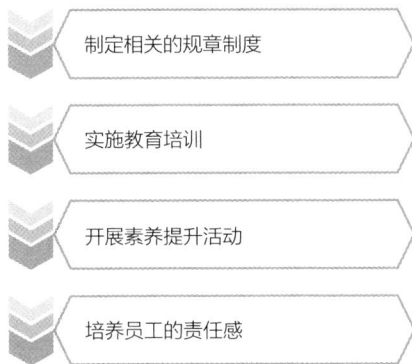

图 8-4　素养培养的流程

首先，企业应制定相关的规章制度。规章制度是规范员工行为的利器，也是创建企业文化的基石。企业应制定"语言礼仪""行为规范""工作细则"等，为员工设置最低限度的道德要求。

其次，实施教育培训是将质量意识传递给员工最有效的方式。

同时，企业也可通过开展素养提升活动，规范员工言谈举止，提升员工的合作能力。

最后，企业还应不断培养员工的责任感，并核查培训活动开展成果。当员工对工作和用户有了责任心，就会以更严谨的作风和更认真的态度面对各项任务，从而自主地提高产品质量。

8.2.5　生产车间质量控制策略

生产线是工厂最小的管理单元，生产车间是生产中最小的运作单位。企业只有把宏观的生产质量目标细化到基层的生产车间，使生产现场工作人员能对变化的生产目标做出快速反应，才能输出符合管理和市场需要的高品质产品。因此，企业如果想让生产车间保持生产质量稳定，就要将精益生产的理念贯彻到生产车间内。

企业应从日常管理和方针管理两部分制定策略，使现场每位成员尽可能发挥自己的优势，使生产车间成为可量化、可复制的运作单位。

在日常管理中，企业应对员工作业进行标准化管理，以表格为载体，固化不同岗位的职能，运用流程控制的作业方法规范流程运作，将制度化内容转换为可实际操作的、易于理解的内容，增强工作任务的可行性，提高工作效率和质量。

自主检验即在加工产品的过程中，企业根据自身的技术要求，核对产品标准资料而进行的初步检验。一般情况下，自主检验完成后可由专职检验员进行进一步检验。但自主检验是现场生产中的必要步骤，企业将自主检验普遍化，可以大大减少专职检验员的检验时间，从而提高检验效率。

利用现场数据定量指标进行管理，如设备综合效率、过程检验合格率、不合格产品返工率、人员流动率、人员参与率等，能使现场员工以目标为导向进行生产，并运用量化数据来检验成效。企业根据指标数据建立数据库，并制作走势图，能极大地方便企业研究一段时间内的生产趋势，尽快发现并修正异常。

TPM 管理，即全员生产维修管理。企业可以建立全员都能参与的维修活动，使设备性能发挥和效益最大化。6S 目视化应用能使生产环节更加透明化和界限化。

上述一系列生产车间质量控制策略，都需要与企业管理方针相匹配。企业应引导员工遵守并执行企业针对特定项目和课题专案所提出的具体质量控制要求。

8.3 质量检验

质量检验是现场质量管理的重要手段之一。企业唯有掌握正确的质量检验方法，建立完整的质量检验体系，才能及时发现不良品中的现存问题，及时更正并减少时间和成本的损耗。与此同时，企业也应维持并进一步提高优质产品的质量，这样企业才能消除质量发展的不稳定趋势，质量总体水平才会稳定地保持在规定水平之上。

质量检验的方法一般包括外观检验、尺寸检验、特征检验和结构检验。企业可采用不同方法对同一产品进行多次检验，以增加结果的准确性。检测结果只有真实、准确无误，才具备可用性和实用性。

8.3.1　质量检验的含义

质量检验，是指通过固定的手段和方法，针对一批产品的一个或多个质量特征进行观察、核对、校验，将检测结果与规定的要求和标准相比较，来确定产品的质量是否达标。质量检验的对象包括原料、半成品及成品。质量检验通过收集数据资料，反映产品真实的质量状况，监督中间生产工艺流程，改进生产技术，从而保证不合格的原料不投入生产，不合格的半成品不得进入下一工序，不合乎标准的成品不出厂。

20 世纪初期，泰勒提出了一套科学管理理论，要求质检人员、操作人员和管理人员各司其职，形成了分工明确的职能管理体制（泰勒制）。质量检验也首次作为一项管理职能，从生产过程中被分离出来。20 世纪 20 年代到 50 年代，美国人休哈特将质量检验上升到树立统计阶段，他提出运用统计学原理和公式能更加准确地判断质量的稳定性，并绘制了预防不良品的生产控制图。随着科学技术的高速发展，人们对于质量的安全性和稳定性的要求更加严格，质量检验的手段也更加专业化、多样化。

随着市场需求的升级，越来越多的企业开始进行全面质量检验，即对市场调查、产品设计、试生产、生产、贮存的各个环节进行检验，通过每个环节、每道工序的质量检验实现企业宏观层面的全面质量控制。

8.3.2 质量检验的种类

质量检验有多种分类方式，其普通分类标准包括生产过程、检验地点、检验目的、样品数量、检验效果、供需关系等。

1. 按生产过程划分

如果按生产过程划分，质量检验包括进料检验、制程检验和出货检验，代表质量检验分别发生于产品的不同生产阶段。

（1）进料检验。进料检验是指企业对所采购的原材料、外协件、外购件、配套产品、辅助材料及半成品等在入库之前进行的检验，其意义在于防止引入不良品而引发的质量问题和生产秩序的紊乱。

（2）制程检验。制程检验也叫工序过程检验，是企业在产品生产过程中对各工序流程中产出品的特征、性质进行的检验，以保证各工序的不良品不得流入下一道工序，起到确保工艺要求贯彻执行的作用。

（3）出货检验。出货检验是对成品的检验，发生在生产结束后，其目的在于防止客户买到质量不过关的产品，带来不满意的消费体验。

2. 按检验地点划分

如果按照检验地点划分，质量检验可划分为集中检验、现场检验和巡回检验。

（1）集中检验。集中检验发生在企业内的固定地点，如检验站等。产品会集中在该地点进行检验。

（2）现场检验。现场检验发生在生产现场或产品存放地，一般应用于大型产品的最终检验环节。

（3）巡回检验。巡回检验发生在生产现场，检验人员需要每隔一段时间对相关工序和生产环境进行检验。

3. 按检验目的划分

按照检验目的，质量检验可划分为生产检验、验收检验、监督检验、验证检验和仲裁检验。

（1）生产检验。生产检验是生产企业为了保证产品质量而进行的检验。

（2）验收检验。验收检验是客户（需方）为了保证自身利益不受损，对生产方（供方）所提供的产品进行的检验。

（3）监督检验。监督检验是从市场中抽取样本，从而对投入市场的产品的质量进行宏观控制。

（4）验证检验。验证检验是各级政府所授权的独立检验机构，检查产品质量是否符合其应执行的质量标准。

（5）仲裁检验。仲裁检验发生在供需双方因产品质量而引发争议时，政府下属机构抽样检验，并将检验结果提供给仲裁机构，作为裁决依据。

此外，根据样品数量，质量检验又可以分为全检、抽检和免检。在检验效果标准下，质量检验被分为判定性检验、信息性检验和寻因性检验。根据供需关系，质量检验又可以分为第一方（企业生产方）检验、第二方（使用方）检验和第三方（政府授权的独立检验机构）检验。

不同的分类方式有不同的应用场景，没有高低好坏之分。企业应根据自身需要，选取并采用最合适的分类方式进行检验和记录。

8.3.3　质量检验的策略与方法

在进行质量检验时，企业应遵循一定的策略与方法，提高质量检验的效率，使产品质量得到保障。

首先，检验人员应严格遵守国家和企业的规定和检验方法，自觉做到"五准""三及时"。

"五准"指采样准、基础准、计量准、分析准和结果准。企业为了提升相关方面技术的准确性，就要先配备用于勘测、计算、分析的高科技仪器仪表，并按标准定期检验其破损程度，未经检验或不合标准的器具不得在检验环节被使用。

"三及时"主要指时间上的要求，分别为及时采样、及时分析和及时汇报检验结果。

在质量检验中，检验人员应将管理点的工序作为检查的重心，除了对产品质量进行检查外，还应将工艺方法作为检查内容，立即阻止没有按照相关规定进行的违规生产。检验人员进行巡回检验时，应当对管理点的质量特性和该特性的相关次级要素或支配性要素进行检查；若发现问题，立即协助员工找出"病因"，并尝试"配药"。

在整个质量检验过程中，企业应严格执行三级检查制，自检、互检、专检共同发力，共同推动检验精确度的提高。这就要求作业员工积极配合各项活动，认真准确填写数据记录表和操作记录，定期访问客户体验，采纳有效建议，积小流成大流。长期如此，整条生产线的质量水准和企业的质量管理水平就会有显著提升。

运用合理的质量检验方法也是提高质检水平和效率的重要策略之一。图8-5所示为质量检验的方法。

图8-5　质量检验的方法

外观检验一般无须使用外部工具，仅依靠人的视觉、听觉、触觉或嗅觉等感觉器官对产品质量进行评价或判断，如对产品的颜色、外形、伤痕、老化程度、气味等进行评价或判断。对产品尺寸、特征、结构进行的检验，则统称为量化检验，该检验主要依靠测量工具、仪器、设备、测量装置或化学方法进行。尺寸检验一般用卡尺、千分尺等进行尺寸测量，特征检验则需要使用特定仪器、特定方法进行检验，结构检验一般用拉力器、压力器等进行力的测算。

8.4 现场质量控制方法

现场质量控制以生产现场为对象，对影响质量的各种要素进行控制和管理。企业可以建立质量指标控制体系，加强原材料质量和工序流程的检验，根据实际需要在生产现场建立质量控制点以提高检测工作的水平，强化信息反馈制度，从而使整个生产程序保持严格紧凑的状态，生产出质量上乘的优等品。

现场质量控制的方法主要有两种，分别是 SDCA 循环法和质量异常的源头拦截。

8.4.1 SDCA 循环

SDCA 循环，即 Standardization Do Check Action，一般称作标准化维持，也就是"标准化、实施、查核、改进"模式。

使用 SDCA 循环时，企业首先应尽可能详尽地制定能够满足内部和外部客户需求的各项标准，实现"标准化"。一旦标准被确定，企业就可以通过"实施"将其落实到位，教育训练员工按照标准和规范立即展开行动。当作业完成后，核查员根据具体的绩效指标"查核"其完成情况并记录是否符合规范，"查核"所得数据成为"改进"的基准。倘若未达到规定和标准，企业则根据数据寻找原因，采取必要的预防和纠正措施；倘若达到了规定和标准，企业便可以建立更高的标准，使作业水平进一步提升。企业要持续不断地推行 SDCA 循环法，当一个循环结束时，要及时进入新的循环，这样企业绩效的体量便会像滚雪球一样越滚越大。

SDCA 循环的主要运行步骤如下。

（1）标准化。标准化是指通过标准的制定、发布和实施，将经济、技术、管理等社会实践中重复的概念和活动统一起来，以获得最佳秩序和社会效益，而企业标准化是企业获得最佳生产经营秩序和经济效益的重要手段。企业针对生产经营活动范围内的重复性活动和概念制定具体的标准，会使作业员工精力集中，因为压力会让他们手头的工作充满挑战，进而使整个作业系统保持持续紧张的状态。

（2）实施。企业可以将标准细化到生产工艺中，制定可行的实施方案。在实际操作中，企业把固化的规章制度加以理解，变成行动并坚持执行，这无疑是很难的部分。因此，企业应使标准尽可能清晰、具体、详细，从而让员工更容易执行。在执行过程中，对于员工遇到的任何问题，企业管理者都应耐心解答。

（3）查核。查核是根据规定、方针、目标和要求，监视和测量过程和产品的环节。当规定和标准产生后，预期的成果也就随之产生了。于是，企业管理者进行资源分配，操作者认真作业，经过一段时间，便是审查结果的时候了。查核这一环节至关重要，企业需要根据结果谨慎决定如何进行下一步行动。

（4）改进。改进，即企业根据结果，采取措施以提高绩效。企业应逐条地对照既定标准，检查哪些参数低于预设值，哪些方面做得不尽如人意。对于不满意的结果，最有效的处理方式是加以改进，尝试用新技术、新方法攻克已知问题。这些改进点将成为下一次循环中的新标准和新的查核重点。

不断改进要在 3 个层面上取得效果。首先是个人层面，每位员工都要有持续进步的积极心态，要意识到不断改进对个体发展与企业进步的重要性。其次是小组、部门层面，他们要团结一致，群策群力，力争进步。最后是企业层面，没有前两者的改进，整体的改进就无从谈起。所以，企业应脚踏实地，切忌存在一步登天的想法。

SDCA 循环法是与质量管理体系相关的动态循环，它结合了计划、实施、控制和持续改进的管理全过程，可以在管理的每个环节中实施。企业一旦严格实施了 SDCA 循环法，便会形成质量管理持续性螺旋上升的效果。

8.4.2　质量异常的源头拦截

质量异常的源头拦截，顾名思义，是指从根源上防止异常现象的出现和产生。企业应注意对进厂的原料和辅料进行层层把关，分别从行业法律法规、业务流程、不同交易模式的不同角色入手，梳理容易产生的质量问题。企业应针对不同问题采取不同的控制措施，并进行监督检查。

做好质量异常的源头拦截工作，有利于企业最大限度地减少质量损失，减少返工、返修等重复处理步骤所带来的浪费，提高生产效率，同时使操作人员和管理人员的质量意识得以提升。目前，企业经常使用的质量异常的源头拦截手段有首件检验、过程自检、过程抽检和工序互检 4 种。

1.　首件检验

长时间的实践证明，首件检验是企业尽早发现问题，防止批量生产低质量产品的重要手段。所以在一批产品开始投入生产前或设备、人员、操作工艺、轮班制度发生客观变化时，企业都要进行首件检验，通过勘测数据，预判是否会出现工具磨损、器具准确度误差、设备安装错误、原料或配方有误、图纸绘制偏差等问题，以尽早发现问题、解决问题。

首件检验过程中，"三检制"被广泛使用，操作人员要实行自检，检验人员也要进行专检，直到一批产品的质量都达标为止。

2.　过程自检

为实现生产过程的自我检验，各生产线、生产车间应制定明确的自检项目和流程。企业可以通过教育、培训，使员工明确生产步骤、生产中可能造成的损失、如何对设备进行保养和维修，并强调经常发生问题的环节。这样，员工便知道应该在什么步骤进行怎样的自我检验，而不是盲目进行检验，导致关键环节被忽视。

过程自检中，员工还应对检测结果进行真实记录，企业可以根据记录和相应指标对员工进行奖惩，以提高检验力度。

3. 过程抽检

过程抽检主要用于应对数目很大的产品的检验工作，过程抽检可以节省检验费用，降低成本。过程抽检虽然不像全检，可以查出一批产品中全部的不合格品，但却可以推算出不良品的混入程度。不合格品的混入程度一般用允收水准（acceptable quality level，AQL）这一标准来量化表示。AQL表示每百单位产品的不合格数目，是过程抽检平均不合格率的上限。故当产品质量水平等于或优于AQL时，应大概率被视为允收产品，反之则应大概率被视为拒收品。

4. 工序互检

工序互检指不同工作者对于生产过程或产品的检验，检验人员包括同级操作者和上下级作业者。因每个人所掌握的经验和技术不同，过程自检不能发现的问题可能会在工序互检中被发现。企业往往会采用下道工序员工对上道工序进行检验、班组长对操作人员的工作进行检验、交接工作的员工互相检验等方式进行工序互检，并及时反馈质量信息，拒绝不良品流入下一工序，以达到把控质量的最终目的。

企业使用首件检验、过程自检、过程抽检和工序互检的方法，并将检验的数据进行传递，可以最大限度地从源头阻止质量异常，使产品的质量得到实质性提高，为客户提供更高的质量保障水平。